Er ließ schlagen eine Brucken

Egon Caesar Conte Corti

Er ließ schlagen eine Brucken

Geschichten um Prinz Eugen

Kremayr & Scheriau

CIP-Kurztitelaufnahme der Deutschen Bibliothek
Corti, Egon Caesar Conte:
Er ließ schlagen eine Brucken: Geschichten um
Prinz Eugen / Egon Caesar Conte Corti. – Wien:
Kremayr & Scheriau, 1985.
ISBN 3-218-00418-7

Schutzumschlag: G. Langthaler
Druck und Bindung: Wiener Verlag, Himberg bei Wien
ISBN 3 218 00418 7

INHALTSVERZEICHNIS

Vorwort 9
Ein bezeichnendes Geburtsdatum 11
Ein mäßiger Schüler 12
Echte und vorgebliche Giftmischerei 13
Der Jüngling Eugen 14
Ein zorniger Sperber 16
Die verkannte Rheinsperre 17
Prinz Eugens Anstellungsgesuch 19
Vor Wien anno 1683 21
Wien befreit 22
In steten Geldnöten 24
Mars ohne Venus 25
Die teuere Kette 27
Eine versäumte große Gelegenheit 28
In der Zipfelmütze 30
Ein schönes Beispiel 32
Erfülltes Gelübde 33
Unter drei Kaisern 34
Schnelle Laufbahn 35
Kriegsrat ist Verderben 36
Vorsicht, nur Vorsicht! 38
Die Standesmeldung 40
Zenta! 41
Die wahren Feinde 44
Die „überstiegene Unmöglichkeit“ 45
Geständnis wider Willen 47
„Croatenritte“ 48
Prinz Eugen weint 50

Selbstbewußtsein 51
In den Wind gesprochen 52
Wagnis in der Liebe 53
Der stolze Name Prinz Eugen 54
Nicht einmal Kommißbrot 54
Es gibt nichts Neues unter der Sonne 56
Die Bettücher der Ulmer Bürger 57
Ein Mirakel 58
Ein guter Mann 60
Prinz Eugens „Doppeladler“ 61
Wallenstein und Prinz Eugen 62
Ein Attentatsversuch 63
Erfüllte Prophezeiung 65
Das bestrafte Pferd 67
Ein zermalmender Eckstein 68
Auch vom Feinde geachtet 69
Ein frugales Mahl 70
Eine schwarze Frau erscheint 71
Noch am Tode besorgt 72
Kurze Rede, klarer Sinn 74
Ein feiner Hieb 76
Einmal glücklich 78
Die Luftschlösser des Kriegskommissars 79
Man urteilt immer nur nach dem Erfolg 80
Die Prisen des kleinen Kapuziners 81
Die gefährliche Geschichte 82
Hemmende Elemente 83
Allzu großer Erfolg 84
Von der Schmeichelei 85
Immer wieder „exponiert“ 86
Ein mahnendes Bild 87
Ein Geschenk des Papstes 88
Der fliehende Geschichtsschreiber 90

Prinz Eugens Adler und Napoleon 91
Entweder Belgrad oder ich 93
Gewohnte Tapferkeit 94
Das gefährliche Feldlager 94
Die kaisertreue Kanone 95
Neunmal verwundet 96
Es gibt keinen zweiten 97
„Glückliche letzte" Stunden 98
Die merkwürdige Scheibe 99
Geschichte ist gleich Lobschrift 100
Mund und Herz 101
Über das Prinz-Eugen-Lied 103
Angriff gegen Verleumdung 105
Vom Aufstand der Schuhknechte 107
Nicht immer wahr 109
Prinz Eugen und die Ehe 110
Vergleich mit Herkules 111
Auch in der Kunst unversöhnlich 112
Des Prinzen Unterschrift 113
Nie veraltend 114
Eine tolle Wette 115
Der Wunsch der Gräfin 116
Des Prinzen Zuflucht 117
Eine arge Verleumdung 119
Geschenke und Politik 120
Nur im Angriff liegt Sieg 122
Die ersten Statuen aus Herculaneum 123
Man braucht sie nicht mehr 124
Der erträumte Dreibund 125
Noch mehr Lorbeeren? 126
„Lehrling" bei Prinz Eugen 127
Nicht mehr der Alte 128
Venus ohne Mars 129

Gerücht von geheimer Vermählung 130
Der schlafende Viererzug 130
Der Tod und der Löwe 132
Ein trauriger Ausverkauf 134
Der verblichene Glücksstern 136
Anmerkungen 138

Vorwort

Der Sinn des Wortes „Anekdote“ hat sich aus dem durch wörtliche Übersetzung gewonnenen Begriffe „noch nicht herausgegebener Schriften“ über die Bedeutung „bezeichnender Zug“, „Scherz“, „Vorfall“, „Denkwürdigkeit“ zu der heutigen leichteren Auffassung fortentwickelt. Zur Zeit soll die Anekdote biographische Züge, Einfälle und heitere Erlebnisse hervorragender Menschen, sowohl aus aktenmäßigen Quellen als auch aus mündlicher, oft unzuverlässiger Überlieferung wiedergeben, immer aber in für die betreffende Persönlichkeit bezeichnender Weise. In dieser Art ist auch die vorliegende Sammlung zu verstehen. Neben sehr vielen, klar dokumentarisch beweisbaren Geschichtchen, wie insbesondere jene der neunmaligen Verwundung Prinz Eugens, sind auch hier wieder manche enthalten, für deren volle historische Wahrheit man nicht unbedingt die Hand ins Feuer legen kann. Aber immer habe ich Wert darauf gelegt, dem Leser nur solche Erzählungen zu vermitteln, die, auch wenn sie nicht dokumentarisch beweisbar sind, doch wohl wahr sein können. Und dies, weil sie sich treffend in das heldenhafte Gesamtbild einfügen, das sich die Nachwelt von dem Prinzen Eugen als einem der größten Heerführer und tapfersten Soldaten der Weltgeschichte gebildet hat, in dessen Generalstab 1702/03 auch einer meiner Ahnen, der Malteserritter Antonio Francesco Conte Corti, mitgekämpft und über diese Feldzüge ein noch erhaltenes Tagebuch[1] geführt hat.

Aber nicht nur einen Einblick in das Wesen des kühnen Savoyers soll die vorliegende Sammlung geben, sie will auch manche Lehre für jene vermitteln, die Friedrichs des Großen und Napoleons Rat beherzigen wollen, sich an dem Studium der Feldzüge und Taten Eugens fortzubilden.

Wo Aussprüche und Briefstellen des Prinzen angezogen sind, wurden sie nach Stil und Ausdrücken der leichteren Verständlichkeit wegen zuweilen geringfügig verändert, niemals aber so, daß der eigentliche Sinn irgendwie berührt würde. Mögen diese hundert kurzen und anspruchslosen Geschichten den Menschen von heute die Heldengestalt des Prinzen Eugen aus versunkener Zeit näherbringen.

Egon Cäsar Conte Corti

Ein bezeichnendes Geburtsdatum

Die edlen Herzoge von Savoyen entstammten ursprünglich französischem Boden, verlegten aber bald den Schwerpunkt ihrer Hausmacht nach Westitalien. Eine Seitenlinie, zusätzlich Carignan genannt, war durch eine bourbonische Heirat wieder nach Paris zurückverpflanzt worden. Ein Sproß davon vermählte sich mit einer der fünf lebenslustigen italienischen Nichten des großmächtigen Kardinals Mazarin.

Aus dieser Ehe kam als fünfter und jüngster Sohn neben drei Töchtern am 18. Oktober 1663 ein kleines Prinzlein zur Welt, das den Namen Eugen erhielt und im übrigen den Zunamen des Stammhauses Savoyen führte. Vielleicht wollte eine geheimnisvolle Macht diesen Geburtstag gerade auf ein merkwürdiges Datum legen, dessen Bedeutung, den Menschen verborgen, noch im Schoße der Zukunft lag. Denn am selben Tage, genau hundertfünfzig Jahre nach der Geburt des Prinzen Eugen, wurde die Schlacht bei Leipzig geschlagen, die den großen Napoleon stürzte und daher zur weitaus folgenschwersten der letzten Jahrhunderte wurde. Ein Zufall, aber ein eigentümlicher, wenn man bedenkt, daß aus jenem kleinen, schreienden Menschenkindlein in der Folge einer der größten Feldherrn werden sollte, die die Welt aufzuweisen hat.

Ein mäßiger Schüler[2]

Den unzähligen Eltern und Knaben, die über mangelhafte Fortschritte in der Schule trauern, soll ein Trost gegeben sein, daß so mancher große Mann in seinen jungen Jahren nicht gerade der beste Schüler gewesen. Das trifft auch für Prinz Eugen zu; man ließ ihn die „standesgemäßen" Wissenschaften treiben, aber seine Fortschritte waren nicht beträchtlich. Er lernte weder allzu gerne Mathematik, noch Geschichte und alte Sprachen, aber nicht weil er zu faul oder zu dumm war, sondern weil er sich nur für *eine* Sache brennend interessierte und das war alles, was mit Krieg zu tun hatte. Obwohl er die antiken Klassiker im allgemeinen haßte, die man ihn zu lesen zwang, zwei liebte er, und zwar Curtius Rufus mit seiner herrlichen Geschichte Alexanders des Großen und Julius Cäsar, dessen Werke er förmlich verschlang, ja vielfach auswendig kannte. Ein wirkliches Talent und eine wahre Neigung zeigen sich allemal in der ersten Jugend und wenn sie ausgesprochen sind, nützt auch alles Dawiderhandeln der Eltern, der Schule oder Umgebung nichts. Mochte selbst ein Ludwig XIV. Eugen zum geistlichen Stand bestimmen, es wurde doch ein Kriegsheld aus ihm.

Echte und vorgebliche Giftmischerei

Olympia Mancini, Herzogin von Savoyen-Soissons, Prinz Eugens Mutter, einst von Ludwig XIV. angeschwärmt, mußte in machtloser Eifersucht erbittert zusehen, wie eine andere, schönere und jüngere Frau ihr bei dem Könige den Rang ablief. Man verfolgte die gefallene Größe, die ihre Nebenbuhlerin freilich mit allen Mitteln anzuschwärzen versuchte, noch mit der nie bewiesenen Verleumdung, sie hätte ihren 1673 plötzlich verstorbenen Gemahl durch Gift beiseite geschafft. Solche Missetaten spielten allerdings damals in der hohen Gesellschaft Frankreichs eine große Rolle. Im März 1679 verhaftete man eine berüchtigte Giftmischerin namens La Voisin, bei der man Giftmorde einfach bestellen konnte. Es geschah dies knapp vor einem angeblich geplanten Versuch, selbst den König auf diese Weise zu beseitigen. Der Prozeß Voisin zog viele Frauen in seinen Kreis, deren manche ganz grundlos beschuldigt wurden, sie hätten mit Zauberei und Giftmorden an Nebenbuhlerinnen die Neigung des Königs neu zu erwerben oder wieder zu erobern gesucht. Auch gegen die Mutter Eugens wurde, um sich ihrer zu entledigen, in solchem Zusammenhange ein Haftbefehl unterzeichnet, doch wurde sie rechtzeitig gewarnt und flüchtete noch in der gleichen Nacht des 24. Januar 1680 aus Paris. Die Kinder, unter ihnen Eugen, ließ sie bei der alten Prinzessin von Carignan zurück. Es war klar, daß ihrer keine rosige Zukunft harren konnte.

Der Jüngling Eugen

So merkwürdig es klingt und so sehr es mit dem späteren Leben des unvergleichlichen Kriegshelden in Gegensatz steht, Prinz Eugen scheint als Knabe einen weichen, ja fast femininen Eindruck gemacht zu haben, was vielleicht auch dadurch gefördert war, daß er schon im Alter von zehn Jahren seinen Vater verlor. Niemand konnte in ihm den künftigen, persönlich unerhört tapferen, strategisch beispiellos begabten Soldaten vermuten. Liselotte von der Pfalz, die uns durch ihre unverblümten, kernigen, allerdings zuweilen etwas zu boshaften, weil manchmal auf Hoftratsch beruhenden Urteile zu einem Begriff geworden ist, schreibt[3] von ihm, seine Kameraden hätten ihn mit weiblichen Spitznamen geneckt:

„Kenn Ihn gar woll, haben Ihn offt geplagt wie Er noch ein Kindt, da hatt man gewollt, daß Er geistlich werden solte, war wie Ein abbé gekleydt. Ich habe Ihn doch allezeit versichert, daß Er Es nicht bleiben würde, wie auch geschehen; wie Er den geistlichen habit quittirte, hiessen Ihn die jungen leutte nur Madame Simone undt Madame Cansiene, den man pretentirte, daß Er offt bei jungen leutten die dame agirte ...“

Die lasterhafte und namenlos verderbte Luft des Hofes Ludwig XIV. umgab den Jüngling gerade in der Zeit, da sein Charakter noch gar nicht gefestigt sein konnte. Er aber empfand die Hohlheit bald, mochte ihn der Strudel auch zeitweise mitgerissen haben.

Ein zorniger Sperber[4]

Zuerst wurden die älteren Söhne, dann auch die Töchter Olympias verfolgt und eines ihrer Kinder nach dem andern förmlich aus dem Lande vertrieben. Blieb noch der kleine, körperlich etwas stiefmütterlich begabte und daher von Haus aus für den geistlichen Stand bestimmte jüngste Sohn Eugen, der mit seiner schwächlichen Gestalt, der merkwürdigen dunkelbraunen Hautfarbe, der etwas aufgestülpten Nase und dem stets offenem Mund einen nicht gerade ansprechenden Eindruck machte. Der König ließ den jungen Prinzen nicht bloß die Abneigung gegen sein Haus, sondern auch persönliche Antipathie fühlen. Irgendwie war dem Monarchen Eugens Gesicht zuwider oder gar unheimlich. Dies erregte Haß in dem auf seine hohe Abkunft stolzen, wegen seiner künftigen Bestimmung spöttisch „kleiner Abbé" genannten Jüngling. Als nun Eugen achtzehn Jahre alt war, fühlte er solchen Abscheu gegen den geistlichen Stand und derartige Lust, Soldat zu werden, daß er sich entschloß, trotz allem zum Herrscher zu gehen und ihn zu bitten, in das Heer eintreten zu dürfen. Geringschätzig blickte ihn Ludwig XIV. von oben bis unten an, Eugen aber vermied den Blick nicht und fixierte den König seinerseits mit zornfunkelnden Augen. Unangenehm berührt, ging der Monarch auf das Anliegen gar nicht ein und entließ den Prinzen. Als man ihn daraufhin fragte, warum er dies getan, antwortete er: „Die Bitte war bescheiden, aber der Bittsteller nicht. Nie noch nahm sich jemand heraus, mir so frech wie ein zorniger Sperber ins Gesicht zu starren."

Der König ahnte nicht, wie teuer ihm dies noch zu stehen kommen sollte.

Die verkannte Rheinsperre[5]

Es war am 4. August 1683, da besuchte der Prior des Zisterzienserklosters in Neuburg im Elsaß seinen Abt, der gerade im nahegelegenen Baden-Baden weilte, um die dortigen warmen Bäder zu benutzen. Als er nun zurückkehren und bei Iffezheim über den Rhein setzen wollte, weigerte sich der Fährmann dies zu tun, da ihm eben verkündet worden wäre, König Ludwig XIV. hätte neuerdings bei Leib- und Lebensstrafe verboten, daß irgend jemand, aus welchem Grunde immer, den Rhein in der einen oder anderen Richtung überquere. Der Befehl machte ungeheures Aufsehen, alle Welt fragte sich, was diese Anordnung wohl zu bedeuten habe. Wollte etwa Ludwig XIV.

in dem günstigen Augenblick, da die Türken Wien belagerten, neuerdings zu einem, diesmal vielleicht tödlichen Schlag gegen das Reich ausholen?

In wenigen Tagen zeigte sich, daß dem nicht so war. Die Rheinsperre hatte bloß den Zweck, die beiden Flüchtlinge Prinz Eugen von Savoyen und seinen Vetter, den jungen Prinzen Conti, festzunehmen und nach Paris zurückzubringen. Sie hatten die Stadt heimlich flüchtend verlassen, um in des Kaisers Dienste zu treten und an dem Kampf gegen den Halbmond teilzunehmen. Mit wenig Geld waren sie ausgezogen, besonders Prinz Eugen hatte kaum das Notwendigste bei sich, der Drang nach Ruhm und Ehre war jedoch stärker als alle Sorgen. Ludwig XIV. geriet darüber in heftigsten Zorn, aber die von ihm sofort angeordnete Rheinsperre nützte nichts mehr, die Flüchtlinge waren schon bis Frankfurt am Main gelangt und saßen in einem Wirtshaus dieser Stadt, als ein Sendling des Königs sie erreichte und sie beredete, zurückzukehren. Conti ließ sich überzeugen und übergab seinem Freunde Eugen, der an seinen Absichten festhielt, beim Abschied das letzte Geld und einen Ring im Werte von tausend Gulden. So trennte sich der savoyische Prinz von seinem Freunde, um bald darauf die erste Stufe der Treppe höchsten Ruhmes zu erklimmen.

Prinz Eugens Anstellungsgesuch[6]

Bei Petronell war 1683 im Gefecht gegen die nach Wien vorrückenden Türken Prinz Eugens Bruder Ludwig an der Spitze seines Dragonerregimentes gefallen. Nun hoffte Eugen, es werde ihm des Toten Oberstenstelle zuteil werden. Der Türke drohte mit gewaltiger Macht, und da konnte man annehmen, der Kaiser werde jeden jungen, wenn auch noch nicht starken Arm begrüßen. So verfaßte denn Prinz Eugen noch vor dem Eintreffen der Türken vor Wien ein Gesuch an Kaiser Leopold in lateinischer Sprache, denn er hatte sich die deutsche damals, wie auch später, niemals ganz zu eigen machen können. Das Schreiben, dessen Entwurf sich in dem Fürstenbergischen Archiv zu Prag befand, wurde allerdings von zweiter Hand ins zeitgenössische Deutsch übersetzt.

„Nun habe zwahr", heißt es dort, „allergnädigster Kayser und Herr, ich die mindeste Verdienste nicht, in deren Rücksicht mich einer Kriegsehrenstelle bey Euer kayserlichen Majestät getrösten könnte ... Ich gestehe offenherzig, meinen (Ent-)Schluß ehedesten gehabt zu haben, nach dem Beyspiel meiner Vorfahren mich zu Diensten meines Vaterlandes und des

Bourbonischen Hofs vollkommentlich anzuwenden, wie dann eben eine Kriegsehrenstelle bey der Cron Frankreich wiederholter mahlen bittentlich angehalten, aber augenscheinlich gefunden habe, daß durch das widrige Schicksal meiner Mutter mir alle Hoffnung abgeschnitten seye, bey dieser Crone jemahls mein Kriegsglücke machen zu können, obschon weder meinen Vorfahren, noch mir etwas Erweisliches zur Last gelegt werden konnte . . . Ich versichere eine unversehrte, standhafte Treu und bey allen vorkommenden, auch größten Kriegsgefahren alle meine Kräften zu Euer kayserlichen Majestät und des höchstpreißlichen Ertzhauses Wohlfahrt und Wachstum mit unerschrockenem Muth bis auf meinen letzten Bluthstropfen anzuwenden und aufzuopfern.

Eugenius,
Herzog von Savoye und Piemont m. p.“

Vor Wien anno 1683[7]

Man war in dem denkwürdigen September des Jahres 1683. Seit dem 14. Juli standen die Türken hunderttausend und mehr Mann stark vor Wien, hatten es eingeschlossen und bedrängten es mit Minen und Infanterieangriff Tag für Tag. Eben am 8. September hatten sie in einem gewaltigen Hauptsturm nahe der Löwelbastei in der Gegend des heutigen Burgtheaters und der kaiserlichen Burg nächst der Mauer Fuß gefaßt. Schon stieg die Not in Wien aufs höchste, da zeigten sich auf den unbegreiflicherweise von den Türken unbesetzt gebliebenen Höhen des Kahlen- und Leopoldsberges die Truppen des christlichen Entsatzheeres.

Seit dem 7. September erst diente Prinz Eugen im Gefolge des Herzogs von Lothringen als Oberstleutnant in dem kaiserlichen Heere. In zündenden Ansprachen hatten der König von Polen und der Herzog von Lothringen die bei ihnen stehenden Junker aufgefordert, sich bei dem nun kommenden Angriff auf das in der Ebene vor Wien liegende türkische Heer die goldenen Rittersporen zu verdienen. Vor Kampfeslust und Ehrbegierde brennend hatte Prinz Eugen zugehört. Freilich, noch war es ihm nicht gelungen, das ersehnte Kommando des Dragonerregiments zu bekommen, an dessen Spitze sein Bruder Ludwig kurz vorher im Kampfe gegen die Türken gefallen war, aber wenigstens wollte er in der Nähe jener Reiter kämpfen. So schloß er sich dem fast nur aus Streitern zu Pferd bestehenden linken Flügel des christlichen Heeres an, dem die Hauptaufgabe zufiel. Acht Stunden lang kämpften diese Abteilungen – und bei ihnen wie ein Löwe überall buchstäblich dort, wo es am heißesten zuging, der kleine Dragoner-Abbé, der mit den Truppen bis in die Nähe der Burgbastei, ungefähr bis zu der Stelle vordrang, wo sich heute sein stolzes Reiterdenkmal erhebt.

Wien befreit[8]

Als die Sonne des 12. September 1683 unterging, war der Sieg entschieden, das türkische Heer floh Hals über Kopf, alles, alles, das kostbare Gezelte des Großwesirs, die Kriegskasse mit zwei Millionen in Gold, die Geschütze, Stücke, Pulver und Munitionswagen und nicht zuletzt zehntausend Pfund Speck für die halbverhungerten Wiener und schöne Haremsfrauen für die tapferen Helden blieben zurück. Unermeßlicher Siegesjubel sprengte beinahe die Brust des jungen Kriegers. Möge es mir auch einmal gegeben sein, solchen Sieg zu erringen, dachte der Prinz in brennendem Ehrgeiz.

Tags darauf aber rief der Herzog von Lothringen den wie durch ein Wunder unverletzt gebliebenen Eugen zu sich und überreichte ihm ein Paar goldener Sporen: „Ihr seid ein würdiger Sproß des alten savoyischen Heldengeschlechtes und habt Euch Eure Sporen bei diesem Riesenkampfe ritterlich verdient. Fahret nur so fort und strebet danach, in Eurem ferneren Leben des höchsten Kriegsruhmes teilhaftig zu werden.“

Die Seele erfüllt von stolzem Glücksgefühl, verließ der kleine, schwächliche, dazu häßliche junge Oberstleutnant den Herzog mit dem festen Vorsatze, dereinst zu zeigen, daß er wohl klein an Gestalt, aber groß an Seele, wohl schwächlich an Körper, aber riesenhaft an Tapferkeit, wohl an Jahren noch ein Kind, aber an Kriegslust ein Mann war.

In steten Geldnöten

Bei der Belagerung von Wien 1683 war der tapfere kleine Prinz, dem Kurfürsten Max Emanuel von Bayern, der bei dem Entsatze das Zentrum befehligte, besonders lieb geworden. Dieser war es, der den Kaiser zu dem Versprechen zu veranlassen vermochte, Eugen das erste freiwerdende Regiment zu verleihen. Schon im Dezember desselben Jahres wurde dies mit der Ernennung zum Obersten des bisherigen Dragonerregimentes Graf von Kuefstein verwirklicht. Aber diese Würde erforderte damals große Mittel, und Prinz Eugen hatte keine. Überdies wollte er gerne einer Einladung des Kurfürsten von Bayern nach München folgen, konnte dies aber aus Geldmangel nicht und saß in Linz fest, ohne zu wissen, was tun. Da erfuhr der Kurfürst von seinen Nöten und sandte ihm tausend ungarische Goldgulden nach Linz für die Reise. Von denen aber brauchte er gleich viele für sein Regiment und hatte nun wieder für den Münchner Besuch zu wenig. Da gedachte er des Ringes, den Prinz Conti ihm dereinst in Frankfurt geschenkt hatte, und verpfändete ihn, ein Entschluß, der endlich seine Fahrt nach München ermöglichte. Dort gab der junge, lebenslustige Kurfürst ein Fest nach dem anderen, und bald ging des Prinzen Eugen ganze Barschaft zur Neige. Als er nur mehr fünfundzwanzig bis dreißig Pistolen sein eigen nannte, erhielt er, wie vom Himmel gefallen, ein Geldgeschenk des Prinzen von Carignan. Das ermöglichte ihm gerade die Rückreise in seine Heimat. Der Kurfürst beschenkte ihn noch mit drei prächtigen Pferden, und so konnte Eugen wohl herrlich beritten, aber mit sonst leerer Tasche zu seinem Regiment zurückkehren.

Mars ohne Venus

Die Mutter Prinz Eugens hatte indessen in Belgien und später in Spanien aus der Ferne die Laufbahn und die Schmerzen ihres jüngsten Sohnes verfolgt. Bei einem Besuche in Brüssel im Jahre 1685 hatte er ihr seine Geldsorgen erneut vor Augen geführt. Da versuchte die Fürstin ihm eine reiche Gemahlin zu verschaffen und nahm dazu zwei der wohlhabendsten Erbinnen Spaniens in Aussicht.

Prinz Eugen fuhr mit seiner Mutter im Januar 1686 gehorsam nach Spanien. Es war die Rede davon, daß er in dortige Dienste treten sollte. Nun wurden ernste Heiratsverhandlungen begonnen, wobei sich Prinz Eugen zwar nicht gerade ablehnend, aber persönlich zurückhaltend verhielt. Die jungen Damen aber kamen ihm noch viel weniger entgegen. Die Mutter des Prinzen wurde wohl in ihren Plänen von der Königin von Spanien unterstützt; als diese jedoch plötzlich starb, verliefen alle spanischen Kuppelpläne im Sande. Prinz Eugen kehrte schon im Mai an den kaiserlichen Hof zurück, nach außen gedemütigt, arm und bescheiden wie vorher, erzürnt über die Haltung der Frauen ihm gegenüber, aber um so mehr von höchstem Ehrgeiz durchglüht. Die Mutter aber dachte weiter über eine reiche Frau für ihren Sohn nach; 1689 hatte sie wieder eine junge Spanierin im Auge, die „grande d'elle même" war und „50 000 Dukaten Revenuen" hatte, wie Prinz Eugen berichtet[9]. Aber diesmal sandte er nur einen Späher aus, ging vorsichtigerweise nicht gleich selbst wieder nach Spanien.

Die Erfahrungen und die Erkenntnis, daß seine Erscheinung nicht gefiel trotz der herrlichen, feurigen, dunklen Augen, die aus dem wenig schönen Gesichte strahlten, mag der Grund für die weitere Haltung Eugens Damen gegenüber gewesen sein, die ihm den bösen und wohl unberechtigten Spottnamen „Mars ohne Venus" eintrug[10].

Die teuere Kette

Eines Tages zeichnete der Kaiser den Prinzen Eugen durch die Verleihung des Goldenen Vlieses aus. Das freute den jungen Krieger außerordentlich, aber es bereitete ihm auch gleichzeitig die allergrößte Verlegenheit, denn er mußte die Kette dazu aus eigenem Gelde kaufen, und sie kostete nicht weniger als dreitausend Gulden. Prinz Eugen aber besaß diese Summe nicht, weshalb einer seiner Herren wieder einmal am 25. Januar und 8. Februar 1688 nach Turin schreiben und den Vetter Herzog von Savoyen um dieses Geld bitten mußte, damit der Prinz wenigstens „in mäßiger Weise schon um der Ehre des königlichen Hauses Savoyen willen wie ein Fürst seinesgleichen und als General erscheinen könne“[11].

Eine versäumte große Gelegenheit[12]

Man schrieb das Jahr 1690. Wohl hatte sich Prinz Eugen schon kriegerische und diplomatische Lorbeeren geholt, seine Verwandten aber fanden es auch weiter notwendig zuzusehen, den allerdings vielversprechenden, aber mittellosen edelgeborenen Offizier endlich doch mit einer begüterten Fürstentochter zu verheiraten. Da Ehevermittler nun schon einmal bei bester Absicht meist mehr auf Mitgift sehen, so zog man diesmal die zwei verwaisten, durch ihr Erbe reich gewordenen Töchter eines Pfalzgrafen von Pfalz-Sulzbach in engere Wahl. Sie wurden, die eine für den Markgrafen Ludwig Wilhelm von Baden, die andere für den Prinzen Eugen in Aussicht genommen und diesem die Sache besonders warm ans Herz gelegt, denn, mahnte man, „derley reiche parthyen mit allen verlangten requisitis rencontrieren sich selten". Der Markgraf von Baden wurde von der jüngeren Prinzessin erhört, die ältere aber hatte andere Freier im Kopf, Prinz Eugen schien ihr zu gering, und sie hatte zudem auch gehört, daß er nicht von einnehmender äußerer Gestalt wäre. Es zeigte sich ihr am Horizont „als stattlich standesgemäße Parthie" ein Herzog von Braunschweig, der der Prinzessin so gut gepaßt hätte, daß ihr, wie ein Höfling sich hinter ihrem Rücken ungalant ausdrückte, „das maul nach ihm trefflich wässerig geworden“.

Als die verheiratete Schwester sie im April 1690 besuchte, nahm sie auch den Prinzen von Savoyen mit, damit er sehen und sich sehen lassen könne. Weil Eugen also gegenwärtig war, meinte man bei Hofe, „werde sich zeigen, was Cupido bey der Prinzessin für gewalt will üben; eines wird sie vielleicht stoßen, daß er kein land noch leut hat und ein fünfter Sohn ist“. Bald darauf meldete man, „der Prinz von Savoye ist nun hier und wartet der Prinzessin Franciska auf; man verspüret aber eben kein sonderlich empressement dabey und auf der andern Seite ebenso wenig inclination“.

Prinz Eugen aber, der überhaupt nur widerwillig und bloß auf dringendes Zureden hingefahren war, merkte gar wohl, daß seine Erscheinung nicht den besten Eindruck machte. Er fühlte sich höchst unbehaglich, blieb äußerst zurückhaltend, beschloß, sich niemals wieder dergleichen auszusetzen, und schied schließlich so schnell wie möglich, um nach Wien zurückzukehren und von dort sogleich ins Feld zu ziehen.

Er hatte das bessere Los gezogen, denn von der Prinzessin sagte man: „Hat Haar auf die Zähn’, ist nicht gut Kirschen mit ihr essen.“ Sie aber hatte die Gelegenheit verpaßt, die Frau eines der größten Kriegshelden aller Zeiten zu werden.

In der Zipfelmütze

Es war zur Zeit des Kampfes der großen Koalition gegen Frankreich, der auch Savoyen und Spanien beigetreten waren, welch letzteres damals das Herzogtum Mailand besetzt hielt und verwaltete. Prinz Eugen war an Ort und Stelle gereist, um die Bedürfnisse der Armee in Italien kennenzulernen, und kehrte dann von Turin über Mailand nach Wien zurück, um in diesen Städten energisch für die Verstärkung des Heeres zu wirken. In Mailand ließ er sich bei dem dortigen Statthalter, dem Spanier Grafen Fuensalida, melden. Es war elf Uhr vormittags, der Prinz wartete und wartete, endlich führte man ihn auf seine ungeduldige Frage etwas verlegen in das Allerheiligste des Gouverneurs. Und siehe da, am hellichten Tage lag der fleißige Mann noch zu Bette. „Darin empfing er mich“, meldete Eugen von Savoyen seinem Vetter, dem Herzog, „wie er es gewöhnlich zu tun pflegt, mit einer Zipfelmütze am Kopf und einem Affen viel mehr gleichend als einem Menschen.“[13]

Prinz Eugen brachte ihm die Bitte des Herzogs von Savoyen vor, alles zu tun, um die im Felde stehende Armee zu stärken und zu unterstützen. Der Spanier starrte ihn verschlafen an und gab keine Antwort. Wütend verließ Prinz Eugen das Gemach. Am Kaiserhofe zu Wien dann schilderte er seine Begegnung in den grellsten Farben, und der Erfolg war ein Druck auf den König in Madrid, jenen Mann doch von seinem Posten zu entfernen. Und wirklich, in Kürze erhielt der spanische Graf seinen Abschied. Es war auch dies wieder ein Sieg Prinz Eugens.

Ein schönes Beispiel

Prinz Eugen, von Haus aus trotz seiner unscheinbaren Gestalt von glühender Liebe zum Waffenhandwerk erfüllt, hatte auch das Glück, sich seine ersten Sporen im Felde unter vorbildlichen Soldaten zu verdienen. Einstmals im Jahre 1691 legte der französische General Catinat dem ihn verfolgenden Corps Eugens in vorbereiteter fester Stellung einen Hinterhalt. Der Prinz aber erkundete damals persönlich die feindlichen Stellungen und ritt dabei zwischen dem Marchese von Mortara, einem savoyischen Offizier, und dem General Rabutin. Da riß eine Kugel den Italiener vom Pferde. „Freunde", rief der Marchese sinkend, „siegen Sie oder sterben Sie so glücklich wie ich!"[14]

Der Vorfall machte ungeheuren Eindruck auf den Prinzen; von nun an sah er in jeder Schlacht und in jedem Gefechte das Beispiel dieses Tapferen vor sich, und die daraus entspringende Haltung war mit eine Wurzel aller seiner Siege.

Erfülltes Gelübde[15]

Als Ludwig XIV. vernahm, daß Prinz Eugen von Savoyen endgültig kaiserliche Dienste genommen hätte und sich in den österreichischen Staaten niederlassen wollte, meinte er erzürnt: „Er soll nur dort bleiben, und nie werde ich ihn nach Frankreich zurückkehren lassen."

„Ich aber werde wieder hinkommen", erklärte Eugen, „nur ganz anders, als der König denkt."

Nach dem ersten Falle von Belgrad 1688 sprach der französische Kriegsminister Louvois, dessen Sohn die Mutter Eugens eine ihrer Töchter versagt hatte, im Sinne seines Königs das Urteil ewiger Verbannung über alle Franzosen aus, die nicht augenblicklich den fremden Dienst verlassen würden.

„Nun gut, so gelobe ich denn, nur mit dem Degen in der Faust in das mir feindlich gewordene Land zurückzukommen", erklärte der Savoyer daraufhin.

1692 betrat Prinz Eugen nun wirklich bei Guillestre auf der Heerfahrt gegen Ludwig XIV. zum erstenmal wieder französisches Gebiet. „Da bin ich denn", rief er aus, „mit dem Schwerte in der Hand auf Frankreichs Boden. Als Mann und als Fürst habe ich mein Gelübde gelöst."

Unter drei Kaisern

Eugen von Savoyen diente drei habsburgischen Herrschern. Der stille, ernste Kaiser Leopold I. bot ihm Gelegenheit, in den schweren Türkenkriegen, in die er trotz seiner Friedensliebe verwickelt wurde, zu zeigen, aus welch einem Holz er geschnitzt war. Der zweite, der fröhliche, lebenslustige, prachtliebende Joseph I., hatte an dem Prinzen die beste Stütze im spanischen Erbfolgekriege; auch der dritte endlich, der zu sehr für spanisches Wesen eingenommene Karl VI., Vater Maria Theresias, lebte von den Erfolgen des erfahrenen, siegreichen Feldmarschalls. Eugen soll von seinen drei Herren gesagt haben, Leopold sei sein Vater, Joseph I. sein Bruder und Karl VI., der sich um ein Haar schon von Verleumdern gegen seinen tapferen Paladin hätte einnehmen lassen, eben sein kaiserlicher Herr gewesen[16]. Damit wollte er die verschiedenen Wärmegrade der Beziehungen zu ihnen andeuten. Sicher ist aber, daß alle drei Kaiser zeitweise von ihm sagten – und es hätten immer sagen sollen –, er sei das kostbarste Juwel unter allen ihren Untertanen.

Schnelle Laufbahn

Kaum einem Soldaten war eine so schnelle Laufbahn beschieden wie dem Prinzen Eugen von Savoyen. Da bewährte es sich ausnahmsweise einmal, daß Abkömmlinge fürstlichen Standes nicht an die allgemein geltenden Gesetze der Beförderung gebunden waren, sondern, durch in der Herkunft bedingtes Gewohnheitsrecht wie selbstverständlich bevorzugt, in jungen Jahren zu hohen Stellungen vorrückten. Das war auch mit dem Savoyer der Fall; er wurde mit zwanzig Jahren gleich als Oberstleutnant in die Front gestellt, kämpfte als solcher bei dem Entsatz von Wien im Jahre 1683 mit, wurde kurz danach Befehlshaber eines Regimentes und mit fünfundzwanzig schon zum Feldmarschalleutnant ernannt. Im Alter von dreißig Jahren erreichte er 1693 in der Feldmarschallswürde die höchste Rangstufe, die ein Soldat erklimmen kann. So konnte sich da angeborene Feldherrngabe, in glücklichster Weise mit Jugendfeuer und Jugendkraft vereint, in weitestgespanntem Wirkungskreise zur Geltung bringen.

Kriegsrat ist Verderben

Im Feldzuge des Jahres 1693 stand der Herzog Amadeus von Savoyen, ein Vetter des Prinzen Eugen, noch auf kaiserlicher Seite gegen Frankreich und war der höchste Befehlshaber des gegen dieses Königreich in Westoberitalien stehenden Heeres. Gegen Ende des Jahres hatte er aber seinen Sinn geändert, verhandelte insgeheim hinter dem Rücken Leopolds I. und der kaiserlichen Generale mit Ludwig XIV. und versprach ihm, nach und nach seinen Abfall von den Verbündeten vorzubereiten. Was hielt nun der Herzog für das Beste, um seine listigen Absichten zu verwirklichen? Die Einberufung eines Kriegsrates! Eben hatte der Kaiser wieder die Belagerung und Wegnahme der starken feindlichen Festung Casale befohlen. Anstatt einfach zu gehorchen, rief der Herzog am 28. Juli 1694 die Generale in dem Feldlager von Pinerolo zusammen.

In langer Rede erklärte dabei[17] der Prinz von Brandenburg als erster, er könne sich weder für Ja, noch für Nein entscheiden. Der General Graf Rosastro kam dann zu Worte: „Ich kann nicht sehen, daß die Unternehmung gelingen kann. Ich bin für ihr Verschieben bis in den Frühling.“ Darauf der Graf Pallavicini: „Ich glaube, wenn es nicht unmöglich ist, so ist es nicht wenig schwierig.“ Dieser Meinung schloß sich auch der Prinz von Hannover an; darauf der General Baron Saint-Croix: „Ich sehe die allergrößten Schwierigkeiten.“ Und so ging es im Chore weiter.

Endlich kam Prinz Eugen: „Es ist nicht meine Aufgabe, den angeführten Gründen zu widersprechen, aber da die höchsten Befehle so klar sprechen, glaube ich, daß man die Unternehmung sofort und in jeder Weise anzupacken hat.“

Er wurde aber überstimmt und die Sache durch mehr als ein Jahr verzögert.

Friedrich der Große, der Leben und Taten des Prinzen Eugen studierte, hatte recht, wenn er in seinen militärischen Schriften in dem 25. Articul „Ob es nöthig und rathsam sey, daß ein commandirender General Kriegs-Rath halte“, wie folgt schrieb[18]:

„Der Printz Eugene pflegte zu sagen, daß so offt ein General keine Lust hätte etwas zu unternehmen, kein besseres Mittel deshalb sey, als einen Krieges-Rath halten; dieses ist um so mehr wahr, als die Erfahrung zeiget, daß der mehreste Theil derer Stimmen bey einem Conseil de Guerre allzeit vor die Negative ausfallen.“

Mündlich drückte er sich wohl drastischer aus: „Ein Kriegsconseil ist immer eine Cochonnerie, es kommt allemal das Dümmste heraus.“

Vorsicht, nur Vorsicht!

Eugen von Savoyen kam nicht nur durch die Gnade des Kaisers, sondern auch durch seine hervorragende Tüchtigkeit schon um 1697, vierunddreißigjährig, für die Führung einer Armee in Frage. Kaiser Leopold, von Natur aus langsam und bedächtig, fiel der Entschluß dazu, wie überhaupt jeder solche, äußerst schwer. Berühmt sind seine Worte: „Oh Du mein Vater im Himmel, wie hasse ich es, Entscheidungen treffen zu müssen."[19] Aber etwas mußte geschehen; der bisherige Oberfeldherr Graf Caprara war schon zu alt, kränklich und übervorsichtig geworden. Die erfahrensten Generale empfahlen dringend den Prinzen Eugen, der nicht nur Verstand und Eifer, sondern auch die Liebe der Soldaten in höchstem Grade besitze. Aber der Kaiser zögerte. Einem erst vierunddreißigjährigen Manne den Befehl über eine Armee geben?! Schließlich wählte der Herrscher einen Mittelweg: der Kurfürst Friedrich August von Sachsen sollte führen und Prinz Eugen ihm zur Seite stehen. Da kam das Schicksal zu Hilfe, um den halben Entschluß des Kaisers zu einem ganzen zu machen. In dem

Augenblicke, da Eugen sich zur Armee begeben wollte, wurde der Kurfürst zum König von Polen erwählt, gab den Oberbefehl über das Heer in Ungarn ab, und nun wurde Prinz Eugen endlich damit betraut. Aber Kaiser Leopold ließ sich doch nur unter der Bedingung dazu herbei, „es möge dem Prinzen glimpflich inserirt werden, Er solle gar caute (vorsichtig) vorgehen ... und nachdeme von einem glücklichen oder unglücklichen streich das totum (Ganze) dependiret, und dahero nichts zu hazardieren ist, sicher gehen und sich mit dem feindt, außer mit einem großen vortheil und fast sicherer hoffnung zu einer glückhlichen reuscita (Gelingen) in kein Treffen einlassen ...“[20]

Die Standesmeldung

Es war im Mai des Jahres 1697, da Eugen von Savoyen den Oberbefehl über das gegen die Türken im Felde stehende Heer übernahm. Als der Prinz bei dem damals nächst Esseg versammelten Hauptteil des Heeres eintraf, meldete ihm Graf Guido Starhemberg den Kriegsstand der Armee mit 31 142 Mann.

„Danke für die Meldung. Nun, ich bin der 31 143ste, und wir werden bald mehr werden“, war die kurze und bescheidene Antwort, die sich wie ein Lauffeuer in der ganzen Armee verbreitete. Und sofort zog Prinz Eugen die zahlreichen abgezweigten und weithin verzettelten Heeresteile an die Hauptkraft heran. „Lasset mir“ – so schrieb er an den Kaiser – „der Feind nur ein paar Tage Zeit, bis ich Dero Armee einmal zusammenbringe, so lebe ich folgends mit göttlichem Beistande guter Hoffnung demselben seine Vorhaben allerdings sauer zu machen.“[21]

Zenta!

Prinz Eugen marschiert noch ziemlich weit von Zenta am 11. September 1697 mit seiner Armee. Da meldet man einen gefangenen feindlichen Pascha. Unter Todesdrohungen wird er angeherrscht, nur reine Wahrheit auszusagen, und so erfährt Prinz Eugen: der Türke hat eine Brücke geschlagen, seit dem frühen Morgen geht der Sultan mit seinem Heere auf das andere Ufer der Theiß, schon ist die Reiterei, die schwere Artillerie auf der anderen Seite des breiten Flusses. Aber freilich es dauert lange, bis eine große Armee durch das Nadelöhr einer einzigen Brücke durchgeschleust ist, und noch wird man die ganze Nacht dazu brauchen. Schon neigt sich der Tag seinem Ende zu, es ist vier Uhr vorbei, und die noch diesseits stehende Infanterie des Feindes hat sich im Halbkreis vor der Brücke eingegraben.

Blitzschnell erfaßt Eugen die Lage. Wie? Die feindliche Armee in Flußübergang, augenblicklich durch einen breiten Strom in zwei Teile geteilt? Und gerade die Reiterei, ohne die der Janitschar nicht kämpfen will, jenseits des Wassers! Freilich es sind nur mehr zwei bis drei Stunden Zeit, und die Truppen haben zehn- und fünfzehnstündige Gewaltmärsche hinter sich, aber das ist gleich, so ein Augenblick kommt nicht wieder. Alles was reiten kann voraus, Prinz Eugen an der Spitze, die Infanterie soll marschieren, laufen, was sie kann. Noch vor Einbruch der Dunkelheit muß der Feind, der noch diesseits verblieben, geschlagen sein.

Sofort wird angegriffen. Ein wirrer Knäuel des Feindes auf der Brücke verhindert jede Verstärkung von der anderen Seite her. Die feindliche Infanterie in der Verschanzung wird überrannt, in den Fluß hinein geht die wilde Flucht, zwanzigtausend Tote deckt die Walstatt, zehntausend ertrinken in den Fluten der Theiß, so daß die Soldaten, sonderlich bei der Brücke, wie Eugen meldet, „auf den toten Türkenkörpern fast wie auf einer Insel stehen können“. Da wenden sich auch der Sultan und die Reiterei jenseits zur Flucht. Das türkische Heer zerstiebt in alle Winde, unermeßlich ist die Beute. „Und als die Sonne unterging“, meldet Prinz Eugen, „da konnte sie noch mit ihrem letzten glänzenden Auge den völligen Triumph Euer kaiserlichen Majestät glorwürdigster Waffen vollständig anschauen. Ich habe auch des Groß-Sultans Petschaft erhalten, welches das Allerrarste, und diesen ganzen Krieg über bei allen Victorien noch niemals bekommen worden ist, folglich um so viel mehr glauben macht, daß der Groß-Vezir selbst geblieben sei ... indem er verpflichtet war, es allenthalben an seinem Hals zu tragen, und ich werde mir auch die Ehre geben, wann ich wiederum das Glück habe, vor Euer kaiserlichen Majestät Thron zu erscheinen, in aller Unterthänigkeit es persönlich zu überreichen ...«[22]

So gut war diese Schlacht beschlossen und durchgeführt, daß ein Augenzeuge und Mitkämpfer mit Recht bemerkt: „Der Glücksgöttin blieb kein Spielraum mehr, den Ausgang des Tages zu Eugens Nachteile zu entscheiden.«[23]

Die wahren Feinde[24]

Im Jahre 1701 mußte es um das Erbe Spaniens, dessen Thron durch den Tod des letzten spanischen Habsburgers verwaist war, zum Kriege zwischen Frankreich und dem Kaiser kommen, da man in Wien ebenso wie in England die Vereinigung der pyrenäischen Halbinsel und Frankreichs unter einem bourbonischen Herrscher niemals zubilligen konnte. Der Krieg war wohl noch nicht erklärt, aber es war klar, daß er in Kürze ausbrechen würde.

Zufällig weilte damals der französische Marschall Ludwig Hektor Marquis von Villars noch in Wien. Prinz Eugen, der eben im Begriffe war, zur Armee nach Italien abzugehen, traf ihn in einer Gesellschaft und nahm in ritterlich freundschaftlicher Weise Abschied. Einige Höflinge fanden es fehl am Platze, daß Eugen in einem solchen Tone zu einem Feinde spreche. Der Franzose hörte dies, ging hin und sagte ihnen ganz unbekümmert: „Meine Herren, ich will Ihnen nur sagen, wo die wahren Feinde des Prinzen Eugen zu suchen sind. Hier in Wien in der Umgebung des Monarchen, genauso wie die meinigen in Versailles."

Die folgenden Jahre sollten die Wahrheit dieser Worte Villars wiederholt erweisen.

Die „überstiegene Unmöglichkeit“

Was genial ist, ist auch immer ungewöhnlich. 1701 stand der französische Marschall Catinat östlich des Gardasees in einer festen, beherrschenden Stellung, um der bei Rovereto in Südtirol stehenden Armee des Prinzen Eugen das Vordringen in die italienische Tiefebene zu verwehren. Nichts lag näher, als daß Eugen einfach durch das Etschtal nach Süden vordringe, aber da wäre er eben auf Catinats ganzes Heer gestoßen. Eine Umgehung etwa nach Osten schien unmöglich, denn dort dräuten die Höhen der Tridentinischen Alpen, wo nach den Aussagen der ortskundigen Bauern „seit Menschengedenken kein Wagen und kein Pferd mehr fortgekommen sei“. Aber das Wort unmöglich stand nicht in Prinz Eugens Wörterbuch, und was unüberschreitbar schien, bewältigte er. Er führte seine Infanterie durch das steile Valfredda, wo noch heute eine Quelle, die aus der Felswand sprudelt, „fontana del principe Eugenio“ heißt, weil er einst an ihr gerastet und getrunken haben soll. Die Artillerie und den Train zog er dann durch das Terragnolatal auf Arsiero vor, umging auf diese Weise glücklich die französische Armee und stand auf einmal in deren Rücken bei Legnago in der Tiefebene. Ein zeitgenössischer Kupferstich zeigte die waghalsige Umgehung unter dem Titel: „Die überstiegene Unmöglichkeit, das ist der kaiserlichen Völker unternommenes und überwundenes Felsenklettern 1701 über die Tirolische ... ungeheure Alpen.“[25]

Geständnis wider Willen

Der durch diese kühne Alpenüberschreitung Eugens überraschte Catinat, der sich nun zurückziehen mußte, gestand wider Willen in seinem Bericht vom 11. Juli 1701, wie sehr er nun dem Diktat Eugens verfallen war, wenn er dem König meldete: „Wir sind nun gezwungen, Sire, die Schritte abzuwarten, welche die Feinde machen wollen."[26]

Entrüstet befahl ihm Ludwig XIV., die Kaiserlichen anzugreifen, wo er sie erreiche: „Ich hatte Sie", schrieb der Monarch[27], „nach Italien gesendet, um einen jungen, unternehmenden Prinzen zu bekämpfen; er hat sich gegen alle Regeln der Kriegskunst benommen. Sie aber folgen ihm nun und lassen ihn machen, was er will."

Während der eine Herrscher über seinen General so viel Unzufriedenheit äußerte, schrieb dagegen der Markgraf Ludwig von Baden an den Kaiser in Wien[28]: „Meines Erachtens können Euer kaiserliche Majestät mit dem Kriege und der guten conduite des Prinzen Eugenii und Ihrer sämtlichen Armee mehr als vergnügt sein!"

„Croatenritte“

Prinz Eugen weilte immer draußen im Felde, weit von der Haupt- und Residenzstadt Wien, und da hatte es dann der Hofkriegsrat leicht, fern vom Schuß seine ständigen Bitten, doch etwas für die 1702 in Italien in elendstem Zustand kämpfende Armee zu tun, hinhaltend zu behandeln. Erfolglos sandte Prinz Eugen ununterbrochen Meldungen nach Wien, doch endlich die „Not des braven, jedoch ganz zerlumpten unbesoldeten Soldaten“ zu beenden, „dem sein miserabler Stand billig zu Herzen gehet“. Als nun auch noch die Höflinge die Gelegenheit benützten, die Taten Eugens fortwährend zu bekritteln, ja überhaupt seine Treue zur kaiserlichen Sache, „da er ja doch ein savoyischer, fremdländischer Prinz wäre“, in Zweifel zu ziehen, verlor der Feldmarschall endlich die Geduld. Außer sich vor Entrüstung, schrieb er[29] einem vertrauten Geistlichen, dem Pater Bischoff, der das Ohr des Kaisers besaß: „Das Kritisieren ist heute an sich selbst schon eine allgemeine Sache. Man legt mir alles übel aus, man taxiert mich und nennt meine Operationen Croatenritte, wo doch die ganze Welt, ja der Feind selbst, meinen modum bellandi gutheißet. Wenn ich ein Verräter wäre und mit Vorsatz die bereits erlangten Acquisiten in Hazard setzen wollte, so rathete ich selbst", zu dem, was der Hofkriegsrat jetzt tun will. Und dem Pater Bischoff sowohl wie dem Hofkammerrat von Palm[30] schrieb er denn endlich auch drohend: „Ist das jemals erhört worden, daß man mich hier als commandierenden Generalen über ein Vierteljahr ohne positiver Nachricht zu des Kaisers größtem Undienst, mit der höchsten Gefahr also unverantwortlicher Weise stecken läßt? Solchergestalt könnte ich nicht mehr fortkommen, sondern würde gezwungen sein, mit Ende des Feldzuges auch meinen Dienst niederzulegen, indem mir nicht länger möglich wäre, so großen Sorgen und Kummer zu unterliegen, bei welchen ich Tag und Nacht mich exponirt sehen müßte, dem Kaiser nebst der Reputation seiner Waffen, Krone und Scepter, Armee, Land und Leute zu verlieren."

Prinz Eugen weint[31]

Es war am 5. August 1702. Das übermächtige Heer des französischen Marschalls Vendôme hoffte durch einen nächtlichen Gewaltmarsch den Prinzen Eugen in seinem Lager bei Sailetto nächst Luzzara anzufallen und einzuschließen. Die gegebenen Verhältnisse waren für die Kaiserlichen höchst ungünstig, die Übermacht des Gegners überaus groß, und jeder andere hätte sich zurückgezogen, um dem feindlichen Angriff zu entgehen. Eugen aber stand der Grundsatz seines kriegerischen Lebens vor Augen, „die Initiative zu behalten sei stets das richtigste, hier aber fast das einzige Mittel zum Siege“, und er handelte danach. Auf einmal wurde der Angreifer zum Angegriffenen, der Überrascher zum Überraschten, der Vordringende zum Verteidiger. Im Kampfe aber, als wieder einmal die Truppen wankten, erschien der Prinz immer dort, wo es am gefährlichsten war, und stellte die Lage erneut her. Es wurde zu einer ruhmvollen Schlacht, aber am Ende stand Eugen auf dem vom Feinde geräumten Schlachtfelde vor der Leiche seines getreuen Freundes und tapferen Kriegskameraden Prinzen Commercy, der das zweite Treffen befehligt hatte und bei dessen Vorrücken gefallen war. „Und der tapfere Held konnte sich da nicht enthalten, Tränen über diesen Verlust zu vergießen.“

Selbstbewußtsein

Selbstbewußtsein gehört zu der Gestalt eines Soldaten, denn aus ihm erwächst das jedem Feldherrn unbedingt nötige Selbstvertrauen. Da standen einmal bei Borgoforte am 31. Juli 1702 die Aussichten für die Kaiserlichen recht ungünstig. Seit vier Monaten hatte Prinz Eugen vergeblich Hilfe erbeten, aber sie war nicht gekommen, und so mußte er sich wieder einmal an den Hofkammerrat von Palm wenden und ihm vorstellen, daß, wenn „es unglücklich reüssiere und alles drunter und drüber gehen sollte, er dann aber auch keine Schuld daran tragen wolle". Im Entwurfe hatte er dann geschrieben: „Lauft es nun glücklich ab, so ist es *allein* dem Beistand des Allmächtigen zu danken."[32]

Als Prinz Eugen den Brief noch einmal überlas, da blieb er bei dem Worte „allein" stecken. Bei aller Gottesfurcht fühlte er in sich doch das Walten einer gewaltigen und seltenen Kraft, die auch ihm nach dem Allmächtigen Einfluß auf Geschehen und Geschick im Felde einräumte. Und mit einem raschen Federzug strich er das Wörtchen „allein" aus dem Entwurfe.

In den Wind gesprochen

Man zählte das Jahr 1703. Gegen das Ende der Regierung Leopolds I. war die Lage der Armee in Italien geradezu verzweifelt, und Eugen von Savoyens dringende Mahnungen und Klagen, „daß viel Bettler in der Welt sein werden, die kein so mühseliges Leben führen wie seine Offiziers", scheiterten immer wieder an den verschiedenen Ministern in Wien und dem Hofkriegsrate, denen der Kaiser nicht gebührend energisch entgegentritt. Endlich reißt dem Prinzen die Geduld, und er macht in Briefen[33] an Guido von Starhemberg seinem gepreßten Herzen Luft. „Ich kann sagen, was ich will, es ist wie wenn ich zu einer Mauer spräche. Ich höre zwar nur immer ‚ja', aber dann bin ich genau auf demselben Standpunkt wie vorher ... Man redet nur immer davon, man werde alles retten, ohne aber für irgendwas Sorge zu tragen. Wenn die Leute, die die Führung der Geschäfte in Händen haben, keine Verräter sind, so sind es die größten Esel, die ich in meinem ganzen Leben gekannt habe."

Wagnis in der Liebe[34]

Eines Tages stellte man dem Prinzen Eugen einen jungen Offizier zur Bestrafung vor, der sich die Liebe einer verheirateten Frau unter den waghalsigsten, nicht gerade moralischen Umständen erkämpft hatte. Prinz Eugen ließ sich den Fall genau erklären und staunte, mit welch frecher Kühnheit dieser Streich ausgeführt worden war. Empörung über die Unmoral kämpfte in ihm mit einer Art Respekt vor so viel Unverfrorenheit; die Strafe fiel schließlich nicht allzu hart aus, und Prinz Eugen bemerkte dabei zu seinem Adjutanten: „Als Soldat kann der noch etwas werden, einem, der in der Liebe niemals etwas gewagt hat, würde ich nicht gerne den Befehl selbst nur über hundert Mann anvertrauen.“ Nach diesen Worten muß der Prinz in der Liebe wohl auch selbst einmal etwas aufs Spiel gesetzt haben, obwohl man so gut wie nichts darüber weiß.

Der stolze Name Prinz Eugen[35]

Einst ließen der Prinz von Savoyen und der englische Marschall Marlborough ihre Truppen vorbeimarschieren und freuten sich ihrer schönen Leute. Da bemerkte Eugen zu seinem Verbündeten: „Stolze Rosse und wohlgekleidete Soldaten kann man sich mit Geld verschaffen, aber den Todesmut, der aus den Augen unserer tapferen Mannschaften blitzt, den kann man nicht kaufen."

Der englische General erwiderte daraufhin: „Wer aber flößt ihnen diesen Heldengeist ein, mein Prinz? Das sind vor allem anderen Sie und Ihr stolzer Name."

Nicht einmal Kommißbrot

Im August 1703 wurde Prinz Eugen vom Kaiser zum Präsidenten des Hofkriegsrates ernannt. Damit nun in die militärischen Vorbereitungen ein frischerer Zug hineinkomme, mußte der neue Präsident zu den schärfsten Mitteln greifen. In einer Denkschrift[36] an den Kaiser wurde der Zustand des Heeres in Italien rücksichtslos aufgedeckt: „Der

Credit ist so völlig in Fall gekommen, daß nun bei Euer Kaiserlichen Majestät Armada in Italien mit Einschluß des ausständigen Soldes eine Schuldenlast von . . . Millionen . . . erwachsen, die Cavalerie meist unberitten, die alte Mannschaft so zu Fuß und zu Pferd völlig dismontiert, ohne Stiefel und Schuhe nackt und bloß ist . . . Viele Oberoffiziere haben kaum das bloße Commißbrot zu genießen . . . Unter solchen Umständen", meinte am 14. November 1703 Prinz Eugen dem Feldzeugmeister Guido Starhemberg gegenüber, „möchte ich es vorziehen, auf Galeeren zu sein, denn als Präsident des Hofkriegsrats oder auch als General zu dienen."[37]

Das war jedoch nur ein unmutiger Ausspruch, in Wirklichkeit tat Prinz Eugen alles Menschenmögliche, um die Sache des Kaisers und des Heeres auch weiter zu fördern. Und den Präsidenten der Hofkammer, wie man damals den Finanzminister nannte, ließ er „ganz höflich complimentieren" und ihm sagen, Eugen von Savoyen lasse ersuchen, er möchte sozusagen „Himmel und Erde mouvieren", damit „mit Geld succurirt" werde[38].

Es gibt nichts Neues unter der Sonne

Feldmarschall Graf Conrad klagte nach dem Ersten Weltkriege in seinen Memoiren bitter, daß, solange Friede herrsche und alles gut gehe, Volksvertretung und Diplomaten der Armee die dringendsten Erfordernisse verwehren und überall an ihr sparen, dann aber in Zeiten der Not und wenn der Feind dräut, einfach den von ihnen selbst durchlöcherten „Regenschirm“ Armee aufspannen und dann verlangen, das Reich müsse vor allem Naß staubtrocken erhalten werden. Er bewegte sich da in alten Geleisen. Zweihundert Jahre früher, zur Zeit Prinz Eugens, war es nicht anders, und auch dieser hat nicht verfehlt, seinem Unmut darüber in kernigen Worten Ausdruck zu geben. Damals um 1704 wollte keines der Kronländer Geld für Sold und Unterhalt der Truppen hergeben, und auf die bezüglichen Meldungen schrieb Prinz Eugen endlich erbost: „Wenn die Länder nichts thun, auch sonst Keiner die Hand anlegen will, so mag man's bleiben lassen; denn allein kann ich auch nicht helfen ...[39] ... Unsere Herren Landstände sind wunderlich geartet. Sie schreien nach uns um Hilfe, wann ihnen das Wasser in das Maul rinnt, und wünschen uns vom Hals, kaum als einen Augenblick dasselbige verschwunden.“[40]

Die Bettücher der Ulmer Bürger[41]

Zu Anfang des 18. Jahrhunderts fochten die Truppen wohl erbittert, wenn es zu einem Schlachttage kam, sonst aber ging es recht gemütlich zu und man war weit entfernt von dem „totalen" Kriege von heute. Es war vor Ulm im August 1704; die im allgemeinen sehr kaisertreue Stadt, in deren Mauern die französisch-bayrische Armee gelagert hatte, frohlockte, als die Nachricht kam, sie begänne abzumarschieren, denn das kaiserliche Heer unter Prinz Eugen nahe heran. Man glaubte, Ulm werde völlig geräumt werden und die Stadt sei damit den unmittelbaren Kriegshandlungen entrückt. Das benützten die Bürger und ihre Frauen, um die Massen von Leinwand, die sie erzeugten, vor den Toren der Stadt zur Bleiche auszubreiten, was sie bislang hatten unterlassen müssen. Da auf einmal gewahrten sie zu ihrem Schrecken, daß kaiserliche Soldaten, besonders deren im Troß befindliche Weiber, sich trotz des Musketen- und Wallbüchsenfeuers der noch nicht abmarschierten Teile des Feindes auf die schön ausgebreiteten Lein- und Bettücher stürzten und diese als willkommene Beute wegtrugen. Obwohl noch einige französische Bataillone in der Stadt verblieben waren, vermochte es der Magistrat der Stadt Ulm, eine Abordnung an den kaiserlichen Oberbefehlshaber zu senden, um die Rückstellung der geraubten Leinwand zu erbitten.

Prinz Eugen mußte lächeln. „Was Ihr bloß für Sorgen habt“, meinte er. „Warum habt Ihr denn nicht selbst die Leinwand rechtzeitig geborgen? Jetzt soll ich auch noch der Hüter Eurer Bettücher sein?“

Während aber die Abordnung noch bei dem Prinzen weilte, gingen nun die französischen Soldaten aus Ulm auch ihrerseits hin und eigneten sich den Rest des sorglos ausgebreiteten Linnens an. So stand der Rat von Ulm nun als der geprellte da auf weiter, bettuchleerer Flur, und beide Parteien hüllten sich in der Bürger schönes, feines Linnen.

Ein Mirakel

Endlich kam es am 13. August 1704 zu der gewaltigen, siegreichen Auseinandersetzung bei Höchstädt gegen Bayern und Franzosen, welcher Tag es eigentlich schon entschied, daß Spanien und Frankreich schließlich nicht unter einer Krone vereinigt werden würden. Wie ein Löwe hatte Prinz Eugen in dem heftigsten Feuer französischer Artillerie mit siebenundfünfzig Eskadronen auf die Reiterei des

Kurfürsten Attacke geritten, die nicht auf den ersten Stoß durchdrang, sondern zu einem furchtbaren Handgemenge führte. Der kühne Savoyer befand sich mitten unter den Kämpfenden, mitstreitend und die Leute durch Wort und Tat heldenmütig anfeuernd. Fast wurde er gefangen, denn plötzlich bäumte sich sein von einer Musketenkugel getroffenes Pferd, der fürstliche Feldmarschall stürzte zu Boden, schon ergriff ihn ein feindlicher Dragoner beim Rockkragen, da wurde dieser im selben Augenblick von einem Kürassier niedergeschlagen. Der Reiterangriff mißlang, die kaiserliche Kavallerie ging zurück, aber gleich war der Prinz wieder zur Stelle und suchte sie in den Kampf zurückzubringen, ja er soll sogar eigenhändig zwei fliehende Kürassiere erschossen haben. Eugen ebenso wie „Mylord Duc Marlborough", meldete Grumbkow, der preußische Attaché im Hauptquartier, „exponierten ihre eigene Person gar sehr. Prinz Eugen aber ist dabei so weit gegangen, daß es fast ein Mirakel, wie er der Gefahr entgangen ist"[42].

Ein guter Mann[43]

Als im Jahre 1706 Prinz Eugen dem bedrängten Turin Entsatz bringen wollte, was schließlich zu dem herrlichsten Siege führte, ging er einst, wie er dies oft zu tun pflegte, in seine ehemalige Tracht als Abbé verkleidet, unerkannt durch das Lager seiner Truppen. Da sah er an der Straße einen alten Mann, der staunend auf das bunte militärische Treiben in dem Lager blickte. Als der vermeintliche Abbé vorbeischritt, brummte der Alte:

„Jesus, wie viele Soldaten! Sehet nur, hochwürdiger Herr."

Eugen blieb stehen. „Mein guter Alter, man braucht eben deren viele."

„Ja, ja", meinte der Greis, „es ist schon gut, wenn sie auch nur etwas zu tun haben."

„Ja glaubt Ihr nicht, daß sie viel zu tun haben?"

„Oh gewiß, nur gar zu viel, wenn sie auch nur das Richtige täten."

„Und das wäre?"

„Daß sie, anstatt unsere Felder zu verwüsten, sie lieber anbauen sollten."

„Da hast Du wohl recht, mein Alter. Dein kaiserlicher Herr denkt gewiß auch so, wenn nur seine Feinde nicht anders dächten."

Prinz Eugens „Doppeladler“[44]

Der edle savoyische Prinz hegte eine besondere Vorliebe für seltene Vögel. Sowie ein Schiff aus fernen Landen nach Triest kam, ließ er immer gleich nachfragen, ob es nicht solch buntgefiederte Tiere mitgebracht hätte. Er kaufte sie dann und bevölkerte die Käfige seiner Vorzimmer mit zierlichen Sängern in prachtvollem Federkleide. Aber auch für gewaltige Raubvögel hatte Prinz Eugen eine besondere Schwäche. Diese Neigung war es, die ihm zu allererst den Gedanken eingab, sich in seinem Lustschlosse Belvedere eine Menagerie zu schaffen. Der erste Raubvogel, den er erwarb, war ein riesiger, weißköpfiger Geier (gyps fulva), der schon im Jahre 1706 ein Quartier im Belvedere erhielt. Damals kam im Volksmunde die Sage auf, der Prinz besitze ein prachtvolles Stück eines – Doppeladlers! Eugen amüsierte sich ungemein über diese Mär und soll sie keineswegs in Abrede gestellt, sondern sogar scherzhaft schmunzelnd bestätigt haben.

Der Geier, der von Prinz Eugen häufig eigenhändig gefüttert wurde, überlebte seinen Herrn unendlich lange und ging erst 1824 in Schönbrunn ein, nachdem er nicht weniger als hundertsiebzehn Jahre in Gefangenschaft verlebt hatte.

Wallenstein und Prinz Eugen

Albrecht von Wallenstein, Herzog von Friedland, nicht nur der größte Feldherr des Dreißigjährigen Krieges, sondern auch einer der reichsten Männer seiner Zeit, erbot sich 1625, für den Kaiser ein Heer von zwanzigtausend Mann auf eigene Kosten zu werben. Man gab ihm dazu auch das Recht, die Verpflegung und Besoldung der Truppen aus den jeweils besetzten Gebieten einzutreiben. So war er des Kaisers General und Zahlmeister in einer Person.

Auch zu Prinz Eugens Zeiten herrschte die gleiche Sorge, wie man die ungeheuren Mittel für Heer und Kriegführung beschaffen solle. In den Jahren 1703–07 kam es oft vor, daß die Armeen des Prinzen furchtbaren Mangel litten. Als sich nun im Jahre 1707 wiederum ein ähnlicher Zustand bei der Armee im Felde ergab und Prinz Eugen in Wien täglich darüber klagte, benützten es seine Feinde am Hofe, um den Kaiser glauben zu machen, es sei des Feldherrn schlechte Geldgebarung daran schuld. Entrüstet schrieb Eugen an den Obersthofmeister Fürsten Salm: „Sie wissen doch, daß es mir nicht erlaubt ist, mich mit den Finanzangelegenheiten zu beschäftigen. Sie werden sich der stürmischen Konferenz vom 20. März 1702 erinnern, bei der man mir ganz trocken die Worte ins Gesicht sagte, die ich nie vergessen werde: Seit dem Friedländer sei es Maxime des Hauses Österreich, nie mehr in die Hand *eines* Mannes Schwert und Börse zugleich zu geben. Mein ganzes Leben und vielleicht auch mein Tod werden es beweisen, daß ich nicht verdient habe, in die Klasse der ... Friedländer von einst gerechnet zu werden."[45]

Ein Attentatsversuch[46]

Der Name Eugens, des kaiserlichen Feldherrn, bedeutete Schrecken für die Feinde. Darum griffen sie zu den verwerflichsten Mitteln. Eines Tages im Jahre 1703 erhielt der Prinz vor Lille mit der holländischen Post eine Anzahl von Briefen. Als er einen von ihnen öffnete, der die befremdliche Aufschrift „An Seine Eminenz den Prinzen Eugen“ trug, merkte er zu seinem Erstaunen, daß das Papier innen gar keine Schriftzüge aufwies, sondern nur mit einem klebrigen, etwas übel riechenden Fettstoff bekleckst war. Sofort warf der Prinz das Ding argwöhnisch von sich, und als man es einem Hunde an die Schnauze legte, ging das Tier bald an Vergiftungserscheinungen zugrunde. Es war klar, man hatte einen Anschlag auf das Leben Eugens versucht, obwohl er meinte, er glaube nicht, „jemandem in der Welt zu einer so ärgerlichen Tat Ursach gegeben zu haben“. Aus dieser Bemerkung sprach allzu große Bescheidenheit, denn des Prinzen Feldherrntaten gaben weiß Gott Anlaß genug, in den Feinden Österreichs den heißesten Wunsch zu erwecken, sich eines solch tapferen und kühn verwegenen und dazu noch überaus klugen Führers in den Reihen des Feindes möglichst schnell zu entledigen.

Erfüllte Prophezeiung

Im Jahre 1708 machte Ludwig XIV. große militärische Anstrengungen, um Erfolge der Kaiserlichen in Westeuropa und Italien wieder wettzumachen. Als die Franzosen zunächst in Belgien vordrangen, entschloß sich Prinz Eugen im Verein mit Marlborough dorthin zu marschieren. Der französische Heerführer Herzog von Bourgogne stand noch unter dem Eindruck des traurigen Ausganges früherer unglücklicher Schlachten und mochte daher am liebsten nichts wagen. Er beabsichtigte, sich hinter dem Flusse Dender aufzustellen und dort die Gegner „auf festem Fuße“ zu erwarten. Der nächstälteste General, Herzog von Vendôme, war ganz anderer Meinung und wollte den Feind frischweg angreifen, wo und wann er ihn fände. Ein für allen Unternehmungsgeist stets so gefährlicher Kriegsrat wurde einberufen, und da bekanten sich fast alle zu der Meinung des Herzogs von Bourgogne[47], der ja ihr König hätte werden sollen. Schließlich sah sich Vendôme mit seiner Ansicht allein: „Höret wohl zu“, meinte er daraufhin, „ich prophezeie Euch folgendes, und Ihr werdet es bald erfahren:

sooft ihr den Prinzen Eugenio merken lasset, daß Ihr ein Treffen vermeiden wollet, so wird er Euch wider Willen dazu zwingen."[48] Und wirklich, es vergingen nur wenige Tage, da griff der Savoyer an und gewann am 11. Juli 1708 mit Marlborough die Schlacht von Oudenaarde.

Das bestrafte Pferd[49]

Prinz Eugen, der weiß Gott mit Leib und Seele Soldat war, konnte sogenanntes militärisches Schaugepränge, wie Paraden und dergleichen auf den Tod nicht leiden. Er hielt gar nichts davon und meinte, das seien alles nur „Radomontaden", und die schönen Uniformen, die mit Zirkel und Lineal abgemessenen Formationen, der gleichzeitige Knall der Generaldéchargen seien bloß eine Spielerei, die vor des Krieges blutigem Ernst wie Butter vor der Sonne dahinschmölzen.

Als man ihm einmal einen Offizier zur Bestrafung vorführte, dessen Pferd bei dem Vorbeimarsch aus der Reihe getanzt war, sagte er dem betreffenden zerknirschten Sünder mit einem ironischen Blick auf den zu gestrengen Anzeiger: „Ihr Pferd erhält drei Wochen Arrest, Sie werden mein Adjutant. Noch heute treten Sie den Dienst bei mir an."

Beschämt entfernte sich der vorführende Vorgesetzte. Der betreffende Offizier aber wurde einer der tapfersten Kriegsgenossen des Prinzen Eugen.

Ein zermalmender Eckstein[50]

Es war im April des Jahres 1708 nach großen Erfolgen Eugens im Erbfolgekriege, die ihm die spanischen Niederlande eingetragen hatten. Nun dachte er gegen Belgien loszugehen, und König Ludwig XIV. warf daher starke Truppenmassen dahin. Kurfürstin Sophie von Hannover schrieb in dieser Zeit der Herzogin Liselotte von Orléans einen Brief und fragte, ob sie sich eigentlich noch des Prinzen Eugen von Frankreich her erinnere.

Die Herzogin antwortete darauf: „Wenn printz Eugene nicht geändert ist, werden Euer Liebden ein kurtz auffgeschnupfftes Näschen, zimblich langes Kinn undt so kurzte oberleffzen (finden), daß er den mundt allezeit ein wenig offen hatte undt zwey breyte, doch weiße Zähn sehen läßt; (er) ist nicht gar groß, schmal von taille undt hatte zu meiner zeit, wie er hier war, schwarze glatte haar, ich glaube aber, daß er nun die peruque tregt. Er hatt verstandt; man hatt ihn nicht sehr geacht, war gar jung undt man meinte, daß nichts anderst alß ein Abt auß ihm werden sollte. (Und nun ist) dieser Eckstein schon auff viele gefallen undt hatt sie zermarmelt.“

Auch vom Feinde geachtet[51]

Man zählte das Jahr 1708. Eugen belagerte damals die Festung Lille, die der tapfere französische Marschall Louis Herzog von Boufflers auf das wütendste verteidigte. Da sandte der Prinz eines Tages einen Parlamentär in die belagerte Festung mit der Aufforderung zur Übergabe. „Mein Marschall“, hieß es in diesem Briefe, „die Hauptmacht des französischen Heeres hat sich zurückgezogen ... somit müssen Sie auf alle Entsatzhoffnung verzichten. Erhalten Sie sich und Ihre tapferen Truppen durch die Übergabe Ihrem königlichen Herrn.“

Der heldenhafte Marschall aber erwiderte: „Es ist noch nicht so eilig, durchlauchtigster Prinz. Gestatten Sie, daß ich weiterkämpfe, so lange es geht. Es stehen noch genug Verteidigungswerke, die es mir erlauben, Ihre hohe Achtung, das heißt die jenes Soldaten zu verdienen, den ich über alles bewundere.“

Ein frugales Mahl[52]

Endlich war alles umsonst, der tapfere Marschall Boufflers mußte sich sagen, daß ein allgemeiner Angriff des Prinzen Eugen ja doch das Ende der Zitadelle von Lille und ihrer Besatzung bedeuten werde. Da der Franzose überdies auch von seinem König ein Schreiben erhalten hatte, es nicht auf das Äußerste ankommen zu lassen, entschloß er sich am 9. Dezember 1708 zur Übergabe. Eugen gestand überaus günstige Bedingungen zu, so den Abmarsch der Besatzung mit Waffen, Sack und Pack, tambour battant, weil der Prinz dem Zeitgewinn für eine andere Unternehmung höheren Wert beimaß. Kaum war dies unterschrieben und die Zitadelle geräumt, eilte Eugen zu dem feindlichen Marschall, um ihm ein bedauerndes, aber auch ein bewunderndes Wort für seine bisherige Haltung zu sagen. Der Prinz umarmte Boufflers, der ihn daraufhin zu einem Abendessen einlud.

„Ich nehme an“, erwiderte Eugen, „aber nur unter der Bedingung, daß das Souper so sei, wie es in den abgelaufenen Tagen der ausgehungerten Zitadelle gewesen.“ Der französische Marschall war einverstanden. Als der siegreiche Prinz dann des Abends erschien, wurde ihm wirklich bloß ein steinhartes, süßlich schmeckendes Pferdefleischschnitzel und ein Viertel Glas abgestandenen, erdehaltigen Wassers serviert, denn daran war am meisten Mangel gewesen. Lachend sprach Eugen dem frugalen Mahle zu, dann aber wurde insgeheim noch eine Flasche köstlichen Burgunders mit knusperigem Zwieback aufgetischt, denn dies war auch während der Belagerung versteckt der Fall gewesen.

Eine schwarze Frau erscheint . . .[53]

Es war in der Nacht vom 9. auf den 10. Oktober des Jahres 1708. Noch litt Prinz Eugen an den Folgen seiner kürzlich beim Sturme auf die Festung Lille erhaltenen Verwundung. Aber er ließ sich nicht abhalten und tat schon wieder Dienst, wenn ihn der Kopf auch noch schmerzte und ihn manch traurige Anwandlung überkam. In jener Nacht wollte er in den Laufgräben ein schweres Stück besichtigen, das man eben erst in Stellung gebracht hatte. Da – merkwürdig – befiel ihn plötzliches Zittern, es wurde ihm schwarz vor den Augen, und er lehnte sich gegen die Laufgrabenwand. Es war ihm, als trete er in einen langen, dunklen Gang und als käme ihm seine liebe Mutter, die er jahrelang nicht gesehen, die aber beglückt den stolzen Flug ihres Sohnes zu den Höhen des Lebens aus der Ferne verfolgt hatte, in schwarzem Nonnengewande mit weißer Haube und einer brennenden Kerze in der Hand entgegen. Das Gesicht ging jedoch schnell vorüber, Prinz Eugen erholte sich wieder und schritt langsam und nachdenklich in sein Gezelt zurück. Da erhielt er kurz darauf einen Brief des Erzbischofs von Mecheln, der ihm unter Ausdrücken tiefsten Beileids meldete, daß am Morgen, der jener Nacht folgte, Eugens Mutter in das bessere Leben abberufen worden war.

Noch am Tode besorgt[54]

Am 7. April 1711 wurde Kaiser Joseph I. von einem zunächst nicht ernst beurteilten leichten Unwohlsein ergriffen, doch bis zum Abend hatte sich sein Zustand besorgniserregend verschlechtert, und man mußte zum Entsetzen des ganzen Hofes feststellen, daß der erst dreiunddreißig Jahre alte, bisher blühend gesunde Monarch von den bösen Blattern befallen war. Sein getreuer geistlicher Ratgeber

Pater Engelbert Bischoff, gleichzeitig auch Freund und Vertrauter des Prinzen Eugen, verließ das kaiserliche Krankenbett nicht. Volle zehn Tage kämpfte die starke Natur des Herrschers gegen die tückische Krankheit.

Prinz Eugen, der den Kaiser ebenso innig liebte wie dieser ihn, hätte schon längst nach dem Haag abreisen sollen, aber er wollte seinen obersten Kriegsherrn vorher noch dringend sehen und sprechen, wurde aber um keinen Preis vorgelassen. Der Monarch versagte es sich, von ihm persönlich Abschied zu nehmen, denn er wollte den Treuesten der Treuen nicht der Gefahr einer Ansteckung aussetzen, den Mann nicht gefährden, der ihm fast in jedem der sechs Jahre seiner Regierung im Felde stolze Siege erfocht und an dessen Leben in jener gefahrvollen Zeit das Wohl der Monarchie mehr als je hing. So kam es, daß Prinz Eugen einen Tag vor dem Hingang seines geliebten Herrschers die Stadt Wien „schwer bekümmert und in banger Sorge“ verlassen hatte, ohne ihn wiedergesehen zu haben.

Kurze Rede, klarer Sinn

England mißgönnte den Bourbonen die Erfüllung ihres Strebens nach einem übermächtigen, Frankreich und Spanien umspannenden Reich. Als aber der Lauf des Erbfolgekrieges diese ehrgeizigen Pläne nicht zuletzt dank dem Prinzen Eugen von Savoyen zunichte gemacht hatte und die spanische Monarchie nun wieder an Österreich zu kommen drohte, so war auch dies den Engländern nicht recht. Sie traten daher mit dem bisher so bitter bekämpften Frankreich in geheime Unterhandlungen ein. Groß war die Enttäuschung am österreichischen Hofe. Die Frage, was nun zu geschehen habe, war brennend, daher wurde ein Kriegsrat unter Vorsitz des Kaisers einberufen. Feurig forderte Prinz Eugen die Vermehrung und Verstärkung des Heeres, unerschrocken wollte er auch dem treulosen England entgegentreten. Der Minister Graf Zinzendorf aber widersprach in langatmiger Rede, die von Ausdrücken wie „Vorsicht", „vielleicht", „gegebenenfalls", „etwa" und dergleichen triefte. Stumm wohnte Kaiser Karl VI., nach dem Tode Josephs I. seit wenigen Monaten erst in seinem hohen Amt, diesen Beratungen bei, hörte und sah sich die Sprecher an und machte bloß kurze Notizen. Dabei fiel ihm der Wesensunterschied jener beiden Männer derartig auf, daß er gelegentlich der Konferenz vom 23. November 1711 die Bemerkung aufzeichnete: „Prince Eugène votiert gut, laconisch, kurz; Sinzendorff schwatzt vill.“[55]

Ein feiner Hieb[56]

Während im ersten Jahrzehnt des 18. Jahrhunderts der Herzog von Marlborough in Frankreich und Belgien im Felde stand und im Verein mit Prinz Eugen Sieg auf Sieg erfocht, bereitete sich auf der britischen Insel ein politischer Wechsel vor, der die kriegsabgeneigten Tories bei der Königin Anna gegenüber den Whigs zu Einfluß brachte. Sofort wurde Marlborough in allen seinen Operationen gehindert und schließlich im Oktober 1711 gegen seinen Rat ein Präliminarfriede geschlossen, der das kaiserliche Heer am Festlande verriet. Diesen Abfall von dem Kaiser und die Schwenkung zu Frankreich nannte später William Pitt in einem Schreiben an Sir Benjamin Keene den unauslöschlichen Schandfleck der britischen Geschichte.

Prinz Eugen wurde nunmehr im Winter jenes Jahres nach London entsandt, um das frühere Einverständnis mit der englischen Regierung wiederherzustellen. Die Königin empfing ihn sehr verlegen, ehrte ihn wohl durch einen mit kostbaren Diamanten besetzten Degen, wollte ihn aber mit tausend Aufmerksamkeiten darüber hinwegtäuschen, daß er den eigentlichen Zweck seiner Sendung nicht erfüllen könne.

Bei einem von dem Großschatzmeister zu Ehren des Prinzen Eugen gegebenen Gastmahle, zu dem man dessen Waffenbruder, den von seinen politischen Feinden gar noch der Geldunterschlagung angeklagten Herzog von Marlborough nicht geladen hatte, leerte der Hausherr sein Glas auf den edlen Gast: „Es ist der glücklichste Tag meines Lebens, da mir die Ehre wird, den berühmtesten Heerführer, den die Welt besitzt, in meinem Hause zu bewirten."

Nun erhob sich Prinz Eugen, sah sich wie suchend im Kreise um und antwortete: „Wenn ich diesen Titel wirklich verdiente, so verdanke ich ihn nur Euer Herrlichkeit, weil der noch größere Heerführer heute in diesem Kreise fehlt."

Einmal glücklich

Eugen gab seiner Entrüstung über die Undankbarkeit gegenüber dem sieg- und ruhmgekrönten Feldherrn Marlborough, der sein ganzes Leben in den Dienst der Größe seines Vaterlandes stellte, stets von neuem Ausdruck. Einst zeigte der Bischof Burnet dem Prinzen eine in England erschienene Schmähschrift gegen Marlborough, und Eugen bat den geistlichen Würdenträger, ihm die wichtigsten Teile davon zu erklären. Auch darin war versucht worden, die Verdienste Marlboroughs in jeder Weise herabzusetzen, und da man doch an seinen Siegen nicht ganz vorübergehen konnte, sagte das Flugblatt an einer Stelle: „Der einmal glückliche Feldherr bildete sich ein . . .“

Da fiel Eugen dem Bischof hastig in die Erläuterung: „Was? *Einmal* glücklich? Wahrhaftig ein schönes Lob! Wenn Marlborough nur *einmal* glücklich war, so verdankt er alle seine übrigen zahlreichen Siege nicht dem Glücke, sondern bloß seiner Klugheit und seinem Feldherrntalente.“[57]

Die Luftschlösser des Kriegskommissars

Im November des Jahres 1712 verlegte Prinz Eugen seine Armee in die Niederlande nach Brabant und Hennegau, hatte aber Schwierigkeiten mit der Verpflegung, weil die Stände die Lieferung von Brot und Fourage verweigerten. Mühselig gelang es, dies schließlich durch das Versprechen guter Bezahlung dennoch durchzusetzen. Als Eugen dann das dafür nötige Geld in Wien anforderte, verwies der dortige Generalkriegskommissar Graf S. auf die starke Inanspruchnahme der kaiserlichen Kasse und erklärte, die Hälfte des angeforderten Betrages, etwa eine Million Francs, müsse für die Verpflegung der kaiserlichen Truppen für sechs Wintermonate genügen. Darauf antwortete der Prinz:

„Das ist ein Irrtum. Wenn Graf S. meint, die Truppen damit ernähren und die Pferde damit füttern zu können, dann möge man ihn bitte selbst nach den Niederlanden schicken, damit er dies tue. Ich aber glaube, daß das ‚lauter Concepter in Lüften sind, mit welchen man sich unverantwortlich aufhaltet und dabei das Hauptwerk zu Trümmern gehen lasset'."[58]

Man urteilt immer nur nach dem Erfolg

Selten oder fast nie hatte Prinz Eugen Gelegenheit, eine verunglückte kriegerische Unternehmung verteidigen oder bemänteln zu müssen, aber er ließ Generale, die unverdient im Felde Unglück gehabt hatten, niemals im Stiche. So trat er im Jahre 1712 für den englischen General Grafen Albemarle ein, der nach einem unglücklichen Gefecht bei Denain von allen Seiten geschmäht wurde. Seine Truppen waren fremde Hilfsvölker gewesen, die nur schwachen Widerstand leisteten. Sowie ein ernster Angriff erfolgte, verließen sie ihre Posten und ergriffen nach allen Seiten hin die Flucht. Die Generale, an ihrer Spitze der Führer jener Heeresabteilung, Graf Albemarle, taten alles, um sie zurückzuhalten, aber vergebens. Sie sahen sich schließlich allein, wurden umringt und gefangen. Nun ergoß sich die Lauge des Unmutes über den unglücklichen General. Prinz Eugen aber ließ sich dann wie folgt hören:

„Ich weiß zwar schon längsten, daß der übel informirte gemeine Mann nach denen Erfolgen urtheilet und die Unglückseligen allezeit durch ihn beschuldiget werden ... Ich würde aber wider die Pflicht eines ehrlichen Mannes handeln, wann ich die Wahrheit, wovon ich genugsam überzeuget, nicht kundbar machen wolte. Albemarle hat bey dieser Gelegenheit alles gethan, was ein kluger, tapfferer und vorsichtiger General thun kann, und wofern alle Trouppen ihre Pflicht beobachtet hätten, würde die Sache so weit nicht kommen seyn; wann aber selbige nach einer einzigen Salve durchgehen, und nichts sie zurück halten kann, so ist kein General in der Welt, der solches zu remediren vermögend ist ...«[59]

Die Prisen des kleinen Kapuziners[60]

Unter den Soldaten des Heeres des Prinzen gab es neben Frauen und Würfelspiel nur ein einziges Gespräch: das über ihren kleinen General in dem einfachen braunen Rock mit den Messingknöpfen, in dem er aussah, als wäre er wirklich nur ein kleiner Kapuziner, wie sie ihn nannten. Ja weiß Gott, sie gönnten ihm die geliebte Prise spanischen Schnupftabaks, die er fortwährend in die Nase stopfte. Diese war nach oben aufgestülpt, wohl damit, wie man scherzte, das köstliche Nießkraut auch im Schlafe seinen richtigen Weg fände. Im ganzen Heere hieß es, der kleine Prinz nehme ebenso viele Prisen Schnupftabak wie feindliche Stellungen.

Die gefährliche Geschichte

Prinz Eugen liebte Geschichte und las mit Vorliebe Lebensbilder und Briefsammlungen, war aber gleichzeitig von der ungeheuren Schwierigkeit, ja oft Gefährlichkeit dieser Wissenschaft erfüllt. Rousseau, der dichterische Philosoph, einer der begeistertsten Bewunderer Prinz Eugens, dessen Natürlichkeit er besonders schätzte, sagte von ihm: „Niemals habe ich in einem Manne so viel Größe mit so viel Einfachheit vereinigt gesehen ... er ist ein kriegerischer Philosoph, der seine Würden und seinen Ruhm mit Gleichgültigkeit betrachtet und seine Fehler mit derselben Offenheit erzählt, als ob von einem anderen die Rede wäre.“

Prinz Eugen bewunderte seinerseits den umfassenden Geist Rousseaus. Als der unruhige Sinn des Dichters schwankte, ob er mehr der Dichtkunst und Philosophie treu bleiben oder sich der Geschichte seiner Tage zuwenden sollte, da warnte ihn der Prinz: „Die Geschichte lebender Personen zu schreiben, ist ein ebenso schwieriges als gefährliches Unternehmen. Denn so fest entschlossen man auch immer sein mag, sich innerhalb der Grenzen der Wahrheit zu halten, so gibt es doch stets Personen von hervorragender Stellung und sogar ganze Völker, die nicht gewinnen, wenn man selbst mit der größten Schonung und ohne alle Leidenschaftlichkeit von ihnen die Wahrheit sagt. Ich habe zu viele Freundschaft für Sie, um Ihnen nicht zu rathen, diese Absicht aufzugeben und der Dichtkunst treu zu bleiben ...“[61]

Hemmende Elemente[62]

Prinz Eugen litt sein ganzes Leben unter den Widerständen und Hindernissen, die Leute am Hofe, Stände, Abgeordnete und kurzsichtige Beamte ihm in den Weg legten. Es war ihm keineswegs immer gegeben, das tun zu können, was er für Kaiser und Reich als das beste ansah.

Einst traf im Jahre 1712 einer der holländischen Abgeordneten, die der Heerführung in den Niederlanden besondere Schwierigkeiten bereiteten, den Savoyer tief in Gedanken versunken in einem Lehnstuhl vergraben. Der Mann trat mit der Frage an ihn heran: „Worüber denkt Ihr so tief nach, mein Prinz?“

„Ach“, meinte Eugen, „ich erwäge nur eben, ob Alexander der Große seine Eroberungen und Siege so herrlich und so rasch erfochten hätte, wenn er vorher gezwungen gewesen wäre, für die Durchführung seiner Pläne die Billigung holländischer Deputierter einholen zu müssen.“

Allzu großer Erfolg

Der Friede von Rastatt hatte nun endlich im März 1714 dem großen Kriege gegen Frankreich ein Ende gemacht. Prinz Eugen wirkte bei der Abfassung der Bedingungen persönlich mit, welche Arbeit Kaiser Karl VI. aufs höchste zufriedenstellte. Unzählige Randbemerkungen des Monarchen in den Konferenzprotokollen bestätigen dies: „Der Prinz ist hoch zu loben! in modo et re, er redet gar wohl und vernünftig.“ – „Den Prinzen in allem approbieren und loben auf alle Weise, da er vernünftig und vorsichtig.“[63] Aber allzu große Gnade macht eifersüchtig und schuf dem Prinzen Feinde, die ihm sein Leben schwer verbittern sollten. „Zu großer Erfolg ist ein zweischneidig' Schwert“, meinte Eugen dazu.

Von der Schmeichelei

Kaiser Joseph I., ein kluger, hochstehender Fürst, haßte Schmeicheleien über alles, und Leute, die es damit bei ihm versuchten, verachtete er ernstlich. Als nun einmal in Gegenwart des Prinzen Eugen ein solcher Höfling eben abgetreten war, meinte der Monarch zu seinem Feldherrn: „Nun, Ihr, mein Prinz, werdet mir während meiner Regierung doch niemals schmeicheln."

Eugen lag in der Tat nichts ferner als dergleichen; er hatte honigtriefende Worte auch unter Kaiser Leopold I., der Schmeicheleien viel zugänglicher war, nie über die Lippen gebracht, obwohl dieser es ihm mehr als einmal nahegelegt hatte. Bei einem Herrn aber, dem dies wirklich wider den Strich ging, reizte es Prinz Eugen gerade wegen dieser wohltuenden Bescheidenheit, es doch zu tun. So verneigte er sich denn auf die Bemerkung des Monarchen tief vor diesem und antwortete:

„Ich halte zuviel von Eurer Majestät klugem Sinn, als daß ich so dumm wäre, Ihnen, Sire, schmeicheln zu wollen." Kaiser Joseph nickte zufrieden und merkte nicht einmal, wie ihm Prinz Eugen ja damit doch geschmeichelt hatte.

Immer wieder „exponiert"

Prinz Eugen achtete im Krieg seiner eigenen Person so wenig, daß sich in den Briefen aller drei Kaiser, unter denen er diente, immer wieder die Mahnung findet, er solle doch sein für die Sache so kostbares Leben besser schonen. Als Kaiser Joseph I. ihm wieder einmal nach der Verwundung bei Lille Vorwürfe machte, ja ihm den Befehl erteilte, sich der Gefahr weniger auszusetzen, antwortete Eugen:

„Wie ich aber kein anderes Absehen habe, als in Beförderung Ihro kaiserlichen und Euer königlichen Majestät Allerhöchsten Dienst und Interesse mit Consecrirung Leib und Lebens meine Pflicht und Schuldigkeit zu beobachten, also ist es mir auch die größte Freude, wann durch Vergießung meines Blutes dessen die wahre Probe bezeigen kann. Ich bitte Euer königliche Majestät alleruntertḧänigst ... sich der ... vor meine Person bezeigten Allerhöchsten Sorge künftighin um so ehender zu entschütten, als ich mich, wo es die Noth und die Ausführung der Unternehmung erfordert, nicht meinethalben, sondern darum nicht exponiren werde, um mit dem Beistande Gottes fernerhin die Gnade zu haben, in Euer königlichen Majestät Allerhöchstem Dienst continuiren zu können."[64]

Ein mahnendes Bild

Aber dies nützte alles nichts. Bei Peterwardein anno 1716 stimmten nach dem herrlichen Siege wieder alle Nachrichten darin überein, Prinz Eugen hätte sich überall in das ärgste Schlachtengewimmel gestürzt. Als ihm nun Karl VI. mit seinem kaiserlichen Dank auch sein Porträt schickte, fügte er hinzu:

„Das Bild soll Euer Liebden erinnern, so mich Euer Durchlaucht lieben, sich nicht mehr so in Gefahr zu setzen, sondern sich mir zuliebe mehr zu schonen, sonst ich mein Bild zurückrufen und meine amitié aufsagen werde." Es sollte das Porträt, schrieb der Kaiser, ein Zeichen sein, „daß ich in der Liebe, estime und confidence nie im geringsten von ihm separirt bin, noch niemals sein werde, sondern er soll persuadiert sein, daß ich mit dem Herzen und Gedanken wie das Bild ... allezeit bei ihm und ihres Eifers und Treue gegen mich und meinen Dienst beständig erkenntlich sein werde ..."[65]

Ein Geschenk des Papstes[66]

Im Jahre 1716 entschloß sich der Heilige Vater Clemens XI., dem Prinzen Eugen für seine herrlichen Siege über die Türken, die erbittertsten Feinde der Christenheit, eine besondere Ehrung angedeihen zu lassen. Er sandte daher einen Legaten, der Eugen einen Brief bringen sollte, in dem es hieß:

„So schicken wir Dir denn einen mit viel ersinnlichem Segen reich begabten Degen und Hut, mit welchen unsere Vorfahren, die Römischen Päbste, tapffere und berühmte Vertheidiger der Christenheit bißweilen zu beehren gepflogen, damit Du durch die Geheimnisse dieses heiligen Geschencks entzündet, mit dem Degen um Deine Lenden mächtig umgürtet, mit dem Hut aber als einem Helm des Heils gezieret, zur Zerbrechung des Hochmuths der erbitterten Feinde mehr und mehr aufgemuntert werden mögest ..."

Der Hut war ein violettes, mit Hermelin ausgeschlagenes Barett, auf dem als Symbol des Heiligen Geistes die Gestalt einer Taube kunstvoll mit echten Perlen eingestickt war. Der Degen, in einem prächtigen Wehrgehänge, war fast so lang wie der

Prinz selbst, aus „verguldtem Silber“ mit herrlichen Ornamenten eingelegt. Vor dem Hauptaltar des Domes wurde dem in sechsspänniger Kutsche vorgefahrenen Prinzen von dem Kardinallegaten die versiegelte Geschenkurkunde auf „guldener Tatzen“ übergeben. Dann schmückte man den Feldherrn mit dem weit ausladenden Federhut und gürtete ihm das Schwert an die Seite. So sehr der Prinz auch das Geschenk schätzte, er kam sich mit dem ungewohnten Schmuck etwas lächerlich vor, ganz abgesehen davon, daß das Gepränge und Getue ringsumher ihm so ziemlich das Unangenehmste war, was man ihm antun konnte. In seiner Meldung an den Kaiser ließ Eugen auch eine Bemerkung einfließen, die diese Gefühle widerspiegelte. „Au reste“, antwortete Karl VI. darauf, „möchte ich wohl meinen lieben Prinzen in dieser Function und mit dem schönen Kappl sehen und im geheimen ein wenig lachen, da ich Euer Durchlaucht Humor in solchen Functionen kenne.“

Der fliehende Geschichtsschreiber[67]

Im Juli des Jahres 1716 begab sich Prinz Eugen zu der Armee, die nicht allzu weit von der kaiserlichen Festung Peterwardein stand, und enschloß sich, noch näher an diese heranzugehen, um sich beim Kampfe auf die Verteidigungswerke stützen zu können. Mit überlegener Macht rückte das türkische Heer vor; so sicher waren die Paschas ihres Sieges, daß der Großwesir einen Parlamentär an den Kommandanten von Peterwardein sandte mit der Aufforderung, die Stadt zu übergeben: „Wenn Ihr dem türkischen Kaiser seine Festung nicht streit machen oder vorenthalten wollet, sondern sie ihm sogleich einhändiget, so sollt Ihr für Eure Personen und Güter Pardon haben. Soferne Ihr Euch aber halsstarrig zeiget, so verlassen wir uns nicht nur auf unsere Macht oder unzählbares Kriegsheer, sondern auch auf die Hilfe Gottes, der Alles zu geben vermag.“

Prinz Eugen ließ auf diese Anmaßung keine schriftliche Antwort übergeben, „weil solche nicht anders als impertinent hätte sein können“, sondern ließ dem Großwesir nur mündlich sagen, er möge tun, was er wolle und könne, an der Entgegnung zur rechten Zeit werde es nicht fehlen.

Aus dem ganzen Vorgang erkannte der Prinz aber, daß der Türke ihn für sehr schwach halte und der Feind sich scheinbar alles erwarte, nur keinen Angriff des kaiserlichen Heeres. Und schon war sein Entschluß gefaßt: „Ohne Verzug angreifen!" Und es wurde der herrlichste Sieg. Die türkische Kavallerie wurde von der österreichischen so geschlagen, daß der Feind in „besinnungsloser Hast die auf den Hängen der Höhe Vezirac gelegene Wagenburg, das Hauptquartier selbst auf dem Berge und endlich das ganze Lager mit aller Artillerie, Munition, Fuhrwerken, Kanzleien und Zelten im Stich lassen mußte", als er mit „so großer Praecipitance sich hatte in die Flucht begeben müssen". Auch der im Gefolge des Großwesirs mit ins Feld gezogene Reichshistoriker Raschid hatte keine Zeit, seine Geschichten zu schreiben, denn er mußte reiten, reiten, reiten, um halbwegs heil nach Belgrad zu entkommen.

Prinz Eugens Adler und Napoleon[68]

Der Besitz seltener Vögel wurde zu dem Ursprunge der von Prinz Eugen im Jahre 1716 an der Ostseite des oberen Belvedere eingerichteten

Menagerie. Es wurde eine kleine Rotunde gebaut, um welche die Tierbehältnisse, wie die Abbildung zeigt, in einem Halbkreis angeordnet waren. Die Mitte zierte ein großer Springbrunnen mit einem Becken. Nun wurden Affen, darunter ein Orang Utan, Hirsche, Gazellen, Antilopen und Steinböcke, Schafe, Auerochsen und immer wieder neue Raubvögel erworben. Da kam im Jahre 1719 ein herrlicher Stein- oder Goldadler dazu, ein Weibchen, das den bisher so bevorzugten Geier bald in der Gunst des Prinzen verdrängte. Es wurde Eugens besonderer Liebling, blieb auch nach dessen Tode in dem Belvedere und kam erst nach der Thronbesteigung Kaiser Josephs II. in die 1752 von Franz von Lothringen gegründete Menagerie von Schönbrunn. Der Adler lebte dort noch 1809, als Napoleon als Sieger in dem Schlosse residierte. Der Korse stand eines Tages sinnend vor dem Käfig des stolzen Raubvogels des Prinzen Eugen. Kurz nach diesem hohen Besuche ging das Tier ein, als hätte es nur noch den großen Feldherrn sehen wollen, der den Ruhm seines einstigen Herrn erreichte, ja selbst zur Zeit überstrahlte.

Entweder Belgrad oder ich

Es war vor Belgrad im August des Jahres 1717. Die Lage des Heeres des Prinzen war nicht gerade glänzend. Zur Rechten und zur Linken seines Lagers große Flüsse, vor sich die starke, mit einer zahlreichen Besatzung versehene Festung, hinter sich noch ein feindliches, dem seinen an Zahl weit überlegenes Heer. Als einer der Generale ihn besorgt auf diese mißliche Lage aufmerksam machte, erwiderte Prinz Eugen, die Achsel zuckend:

„Pah! Eines von beiden geschieht gewiß; entweder nehme *ich* Belgrad oder die Türken nehmen *mich.*"[69] Und er packte den Stier bei den Hörnern, kam dem Feinde mit dem Angriff zuvor und nahm die Festung.

Gewohnte Tapferkeit

Als nach errungenem Siege vor Belgrad anno 1717 Prinz Eugen mit seinem glänzenden Stabe, den verwundeten Arm in der Schlinge, hoch zu Roß auf der Bajdinahöhe, dem Schlüsselpunkt der türkischen Stellung, erschien, beschrieb Prinz Alexander von Württemberg den Angriff, den er persönlich mitgemacht hatte, und legte dar, wie die Bayern gestürmt hätten. Als er betonte, daß man ihrer Unerschrockenheit den Gewinn der Schlacht verdanke, erwiderte Prinz Eugen trocken: „Ja, mein Herr, haben diese Truppen etwas anderes gemacht als das, was sie zu tun gewöhnt sind?“[70]

Das gefährliche Feldlager

Nun da nach der Schlacht von Belgrad das reiche Lager der Türken mit all seinen Schätzen, Frauen, Gepäck und Lebensmitteln aller Art wieder einmal der kaiserlichen Armee in die Hände fiel, verbot Prinz Eugen vorerst, es zu betreten, und befahl seinen Truppen knapp vor dem verlassenen türkischen Feldlager Halt. Es war nicht das erste Mal, daß er mit angesehen hatte, welche Folgen für Zucht und Ordnung die Einnahme eines solchen Feldlagers nach sich zog, und war besorgt, daß die Türken zurückkehren und die dort plündernden und sich berauschenden Soldaten überfallen könnten. „Denn“, sagte Prinz Eugen, „ich fürchte die türkische Armee fast nicht so sehr als ihr erobertes Feldlager.“[71]

Die kaisertreue Kanone[72]

In der reichen Beute nach der Schlacht von Belgrad fanden sich nicht weniger als 769 Geschütze, eine für die damalige Zeit geradezu riesenhafte Anzahl. Viele entstammten kaiserlichen Festungen, so war denn auch eine Bronzekartaune wiedererobert worden, die „Der starke Löwe“ hieß. In deutscher Sprache standen darauf die Worte eingeprägt:

„Man nennt mich den starken Löwen,
Den Weg zum Sturm mach' ich eben.“

Prinz Eugen ließ sich zu dem Stück führen, stand lange davor, strich endlich über das Geschützrohr hin und sagte: „Du bist uns wirklich treu geblieben. Du hast auch in Feindeshand *uns* und nicht *ihnen* den Weg zum Sturme geebnet.“

Neunmal verwundet[73]

Nicht weniger als *neunmal* wurde Prinz Eugen im Felde verwundet. Zweimal als Oberst vor der Festung Ofen, dreimal als Feldmarschalleutnant bei Belgrad wider die Türken, bei Mainz und in der Dauphiné im Kampfe gegen die Franzosen und – sage und schreibe – viermal als Feldmarschall. Bei Malplaquet anno 1709 traf den Savoyer, als er wankende Reihen anführte, ein Streifschuß am Kopfe. Man beschwor ihn, sich verbinden zu lassen, Eugen aber stopfte nur das sich rasch rot färbende Schnupftuch unter den Hut und rief: „Wenn ich jetzt fallen sollte, ist ein Verband unnütz, wenn ich aber am Leben bleibe, ist noch heute abend Zeit dazu!“ und eilte im heftigsten Feuer weiter.

Doch neun Verwundungen haben sein Leben niemals bedroht, es war, als wollte der Schlachtengott solchen Helden stets zu weiterem Ruhm erhalten. Was aber hat das mit dem Feldherrntum zu tun? Gewiß sehr viel. Prinz Eugen war ein so glücklicher Führer, weil er gleich kühn war in seinen Entschlüssen wie tapfer im Streite.

Es gibt keinen zweiten[74]

Die Siegesnachricht von Belgrad erregte in Wien und am Kaiserhofe ungeheuren Jubel. Wie richtig war, was Karl VI. kurz vorher an den kühnen Savoyer geschrieben hatte: „Generale sind endlich noch zu finden, aber ein Prinz Eugen ... wäre mir nicht mehr zu finden ...“

Als nun der Kaiser hörte, der Prinz wäre wieder verwundet worden, da machte er ihm neuerdings Vorwürfe, daß er sich zu viel exponiert habe, denn „ohne Dero Conservation wäre auch die größte Victorie allezeit für mich ein Unglück und nicht ersetzlicher Verlust gewesen.“

„Glückliche letzte" Stunden

Eines Tages erhielt Prinz Eugen von dem ehemaligen Festungskommandanten von Belgrad Mustapha Pascha, der ihm die Stadt übergeben hatte, einen aus Nisch vom 5. September 1717 datierten Brief. Er war in der blumigen Sprache des Orients abgefaßt und begann mit den Worten: „Dem hier anwesenden höchsten Minister des Kaisers der Römer, des Musters der Fürsten des an den Messias glaubenden Volkes ... dem großmächtigsten, ehrwürdigsten und liebwerthesten Prinzen von Savoyen, dessen letzte Stunden auf dem Wege des Heiles glücklich enden mögen ... entbieten wir unseren Gruß ..."[75]

Prinz Eugen mag über diese Einleitung eines Briefes, der sonst nur Bitten enthielt, einigermaßen betreten gewesen sein, aber man konnte es Mustapha Pascha nachfühlen, wie er es begrüßt hätte, wenn diese letzten glücklichen Stunden für den Prinzen möglichst schnell gekommen wären.

Die merkwürdige Scheibe

Prinz Eugen schrieb seine Meldungen höchst sachlich und verlangte dasselbe auch von seinen Untergebenen. Einmal aber mußte er über einen Bericht des Feldmarschalls Grafen Heister, der im Türkenkrieg von 1717 Novi belagerte, herzlich lachen. Dieser meldete unter dem 11. September eine starke Beschießung der feindlichen Festung:

„So hoffe ich, daß die so eingeschränkten Türken dergestalt beängstigt, ganz andere Saiten aufziehen werden als gestern, als sie sich unterstanden haben, herüber auf einem Schiff ihrer sieben oder acht zu fahren, mit bloßen Säbeln springend und tanzend, auch den hinteren Leib uns entdeckend, ein schändliches Perspectiv uns zu zeigen. Ich war zwar nicht oben auf der Batterie, sonst hätte ich mit langgezogenen Röhren, so ich mit habe, das Centrum dieser schändlichen Scheibe vielleicht wohl curiositatis causa aufs Korn nehmen lassen, denn es war nicht über 400 Schritte, als wie weit meine Röhre tragen."

Geschichte ist gleich Lobschrift

Um das Jahr 1717 war des Prinzen Eugen Ansehen als Heerführer und kaiserlicher Feldmarschall in der ganzen Welt so ungeheuer gewachsen, daß man allerorten Bücher druckte, die in überschwenglichen Ausdrücken seine Heldentaten priesen. Man fand kaum der Worte genug, um alles, was er getan hatte, aber auch seine Gelehrsamkeit und Liebe zu den schönen Künsten, insbesondere auch seine Bauten in den Himmel zu heben. Mit Recht bewunderte man den prachtvollen Palast Fischers von Erlach, des „kaiserlichen Oberbaumeisters, welchem in seiner Kunst mehr Ehre als Mansard* gebühre, der alles an innwendiger Zierde und auswendiger Pracht besitze, was so ein Palast, welchen ein so großer Prinz bewohnt, haben soll."

Man verherrlichte die Bibliothek, die der Prinz zusammengebracht, und bemerkte dazu: „Also gleichet dieser verständige Prinz auch hierinn dem großen Caesar, welcher fochte, siegte, schriebe und lase." Bei dieser Verherrlichung meinte aber der ungenannte Verfasser im Vorbericht wie zur Entschuldigung: „Das einzige habe ich noch zu erinnern, daß man nicht zu meinen Ursache hat, man

* Jules Mansard, Hauptmeister der französischen Baukunst im Zeitalter Ludwig XIV., nach dessen Erfindung die Mansarden benannt wurden.

habe wider die Regeln der Geschichts-Kunst gesündigt, wenn man an ein und anderm Orte, eine panegyrische Schreibe-Art gebrauchet. Die Historia von dem Weltgepriesenen Eugenio ertheilet der Kunst gantz andere Gesetze, denn man kann solche ohnmöglich herstellen, ohne Geschichte und Lob-Schrift zugleich zu vermischen, weil die eine mit der anderen identisch ist.«[77]

Mund und Herz[78]

Niemand auf der Welt hatte weiß Gott den Türken seit Jahrhunderten so furchtbaren Schaden zugefügt wie Prinz Eugenius. Der Friede von Passarowitz, den er nach den siegreichen Schlachten bei Peterwardein und Belgrad im Jahre 1718 schloß, hatte sie gewaltige Gebiete gekostet. Aber der Großsultan war zu stark geschlagen, als daß er so bald an Wiedervergeltung denken konnte, und mußte gute Miene zum bösen Spiele machen. So war er gezwungen, einen Botschafter mit Geschenken an den Kaiser und dessen ersten Paladin zu senden. Am 11. August 1719 war dieser Sendbote vor den Toren Wiens angelangt und trat nun in feierlich großartigem Prunkzuge in die Stadt ein. Der kaiserliche Hof ließ sich nicht spotten, um den Großbotschafter würdig „einzubegleiten". Es gab da ein derartiges Gedränge, daß der Türke „ganz unwillig wurde“ und darüber in seiner Rede an den Kaiser „bald konfus“ geworden wäre. Am peinlichsten aber war ihm die Audienz bei Prinz Eugen. Ihm mußte er zwei Pferde mit Brustriemen aus mit Korallen besetztem Silber, einen roten Damastsattel und vergoldete Silbersteigbügel bringen, „dazu kostbare Gürtel, seidene Bettüberzüge, goldgestickte Turbane, Ambra, aber auch einen türkischen Dolch mit Diamanten und Rubinen gezieret“. Man sah es ihm an, daß er sich bei der Übergabe dachte: Wenn diese Rosse Dich, verdammten Chritenhund, nur mit Wucht zur Erde werfen und jemand Dir diesen Dolch mitsamt seinen Diamanten und Rubinen ins Herz stoßen könnte. Dabei mußte sein Mund dem Prinzen versichern, wie sehr er den Segen des Himmels auf den herrlichen Helden herabflehe und wie bereit er also sei, dem von diesem so trefflich geschlossenen Frieden auf ewige Zeiten zu halten.

Über das Prinz-Eugen-Lied

Prinz Eugenius der edle Ritter
Wollt dem Kaiser wiedrum kriegen
Stadt und Festung Belgerad.
Er ließ schlagen eine Brucken
Daß man kunnt hinüberrucken
Mit der Armee wohl für die Stadt...
Prinz Eugenius auf der rechten,
Tät als wie ein Löwe fechten
Als General und Feldmarschall...
Prinz Ludwig mußt aufgeben
Seinen Geist und junges Leben,
Ward getroffen von dem Blei...

Generationen von Reiteroffizieren sind unter den Klängen dieses herrlichen Liedes vor ihren Generalen vorbei und in den Krieg gezogen. Gelehrte haben sich den Kopf zerbrochen, wer es wohl gedichtet, von woher die Melodie genommen, wie der Vers- und Strophenbau entstanden sei. Sie meinten, die Musik stamme von einem altbayrischen Tanz[79], der Text sei ein Flickwerk, gedichtet von vielen, die auch ganz Falsches hineingebracht, wie jenen Prinzen Ludwig, der da vor Belgrad gefallen wäre, denn es war doch keiner dieses Namens dabei gewesen. Eines nur ist sicher, daß der erste Teil des Textes bei der Belagerung Belgrads im August 1717 entstand. Es ist ein begeisterndes Gedicht in der Strophenform eines schon längst vorher gesungenen Liedes, das sich auf den Entsatz Wiens im Jahre Jahre 1683 bezieht und mit den Versen beginnt:

Als Kursachsen dies vernommen,
Daß der Türk vor Wien war kommen,
Rief er seine Völker bald,
Tät sich eilends dahin machen,
Daß man hört das Pulver krachen.
Viele Bluthund wurden kalt . . .[80]

Die sicherste Nachricht aber über den Dichter ist wohl der noch heute im Volksmunde lebende Vers:

Wer hat denn dieses Lied gemacht?
Ein Grenadier auf seiner Wacht.

Angriff gegen Verleumdung[81]

Obwohl Prinz Eugen mehr Italiener von Abstammung, Franzose von Geburt war, galt er am Hofe Kaiser Karls VI., der sein einstiges spanisches Königtum zeitlebens nicht abstreifen konnte, als Haupt der deutschen Partei. Der Savoyer war es, der dringend auf ein gutes Einvernehmen mit dem preußischen Königshause hinarbeitete. Er wünschte auch, daß Maria Theresia lieber mit einem Bayernfürsten, als mit dem landlosen Lothringer vermählt werde, er war *für* den Tausch Niederlande–Bayern und besonders bei allen Friedensschlüssen stets bestrebt, durch Förderung der Einigkeit unter den Reichsständen das Ansehen des gesamten deutschen Reiches zu heben. Seine Erfolge aber hatten ihm ehrgeizige und eifersüchtige Gegner am Kaiserhofe verschafft, die im Jahre 1719 die Zeit für gekommen erachteten, um den Monarchen endlich dazu zu bringen, die Dankbarkeit für den verdienten Prinzen hintanzustellen. Sie führten Karl VI. vor Augen, Eugens Macht sei für einen Ausländer und Untertan zu groß, des Kaisers Ansehen leide darunter. Eine förmliche Verschwörung wurde ausgeheckt und verschiedene Intriganten, darunter ein Graf von Nimptsch, hinterbrachten dem Herrscher täglich Lügen über den Prinzen. Einem Kammerdiener fiel das merkwürdig geheimnisvolle Benehmen des Grafen auf, der sich der verschiedensten Verkleidungen bediente. Der einfache Mann, der im Felde unter Eugen gedient hatte, entdeckte eines Tages, daß sich die Intrigen seines Herrn gegen den Prinzen richteten, begab sich augenblicklich zu diesem und warnte ihn. Da tat Eugen genau das, was er vor Peterwardein, vor Belgrad und immer wieder siegreich vor dem Feinde getan. Er wartete nicht lange, ging zum Angriff über, begab sich zum Kaiser, verlangte Untersuchung und wollte nicht eher wieder Dienst tun, bis die Verleumder verhaftet, ihm öffentlich Genugtuung gegeben und eine kaiserliche Vertrauenserklärung ergangen wäre. Restlos wurden alle Zetteleien aufgedeckt, die Verschwörer entlarvt und ihrer Würden entsetzt. Prinz Eugen hatte auch da, wie im Felde, über seine Gegner durch kühn zuvorkommenden Angriff gesiegt.

Vom Aufstand der Schuhknechte[82]

Im Jahre 1722 war Wien der Schauplatz einer Arbeiterbewegung, die unter der Bezeichnung „Aufstand der Schuhknechte“ bekannt ist. Da es vielfach zu Störung der Ordnung, selbst hie und da zu Blutvergießen kam, war schon lange vorher die Erlaubnis für Schuhmachergesellen, zu ihrem Sonntagsstaat den Degen tragen zu dürfen, aufgehoben worden. Doch nicht nur das, es wurde sogar jedem, der mit der Waffe an der Seite oder in der Hand angetroffen würde, das Kopfabschlagen angedroht.

Zur Zeit jener Unruhen ging eines Tages ein unscheinbares Männchen in kaffeebraunem Überrock mit einem Begleiter zufällig durch die Gegend, wo kurz vorher Raufereien stattgefunden hatten. Eben nahm er eine Prise spanischen Tabaks aus seiner Dose und hielt dabei, als er sich die Nase füllte, den Mund weit offen, um Luft zu schnappen. Es war eher ein komischer Anblick und ein vorübergehender Degenträger in Sonntagskleidern, der, wie sich später herausstellte, seines Zeichens einer der unruhigen „Schuhknechte“ war, machte sich in übermütiger Stimmung über den Tabakschnupfer lustig.

Dieser aber lachte nur und sein Begleiter nicht minder. Das erboste den Schustergesellen, und er zog den verbotenen Degen, um den Lacher zu überfallen. Da erschien durch Zufall eine Offizierswache. Als sie den Tabakschnupfer erblickte, machte sie sofort Front und leistete dem kleinen, unscheinbaren Manne mit besonderer Strammheit die militärische Ehrenbezeugung. Schon sammelten sich Neugierige von allen Seiten, da erklang plötzlich der Ruf: „Das ist Prinz Eugen!“ Entsetzt wich der Schustergeselle zurück und stieß sich in Angst vor den Folgen seines Tuns den Degen in die Brust. Der Prinz eilte herbei, bettete und umsorgte den Stürzenden und tat in der Folge alles, damit den Mann nicht die volle Strenge des Gesetzes treffe.

Nicht immer wahr

Es gibt ein Sprichwort, das da besagt, Gott halte es stets mit den starken Bataillonen. Nun sind aber nicht alle Sprichwörter auch immer wahr, und keines ist falscher als dieses. Prinz Eugens Siege sind der beste Beweis dafür. Bei Luzzara anno 1702 waren die Franzosen um ein volles Drittel stärker, bei Peterwardein fochten 80 000 Kaiserliche gegen wenigstens 150 000[83] Türken. Am ärgsten war es aber 1717 vor Belgrad; da siegten etwa 60 000 Mann, von denen noch ein Drittel in Reserve blieb, also eigentlich 40 000 Mann gegen ein türkisches Feldheer von 150 000 und die 30 000 Mann starke Besatzung der Festung, so daß sich Eugen einer drei- bis vierfachen, in Front und Rücken stehenden Übermacht gegenüber gesehen hatte.

Was aber, liebes Sprichwort, macht der liebe Gott, wenn, wie so oft, die kämpfenden Bataillone gleich stark sind? In solchen Fällen hat Prinz Eugen schon gar fast immer gesiegt.

Prinz Eugen und die Ehe

Prinz Eugen hat niemals geheiratet. Einst fragte man ihn, warum er dies nicht tue, da antwortete er: „Eine Frau ist allemal ein den Kriegsmann embarassierendes Möbel. Zu leicht vergißt er seine Pflicht darüber, daß er an sie denkt, oder schont sein Leben gar zu sehr, um sich seiner Frau zu erhalten. Die Verliebten", meinte er, „sind in der bürgerlichen Gesellschaft das, was Fanatiker im religiösen Leben, das heißt Wirrköpfe. Die Liebe ist eine tolle Leidenschaft, die nur dazu dient, die Herrschaft der Frauen zu erweitern und jene der Männer zu schmälern. Und das soll um Gotteswillen nicht sein."[84]

Vergleich mit Herkules

Die Zeitgenossen verglichen Prinz Eugen am liebsten mit Herkules. Das kam daher, weil man in des Savoyers zu Wien aufgeführtem Palaste die „Taten des Hercules unter denen übrigen Statuen und Gemälden vortrefflich exponiert sah".

„Ich nenne ihn einen Herculem", stand in einer zeitgenössischen Schilderung zu lesen, „denn dieses Printzen tapffere Thaten sind nicht allein den Heldenstücken jenes Halbgottes zu vergleichen, sondern weit vorzuziehen, daß wann man auch die von denen Poeten dem Herculi zugeschriebene Wunderthaten, nebst des Printzens Eugenii seinen gegeneinander in eine Waag-Schale solte legen, würden jene gegen diese nur als Kinder-Spiele zu rechnen seyn."

Als nun einer der Zeitgnossen diese Gemälde auf sich einwirken ließ, schrieb er mit Bleistift an die Wand:

„Hier hat des Künstlers Hand, dieweil man sie belohnet,
Die Thaten Herculis vielfältig abcopirt,
Zur Lehre, daß ein Printz, den gleiche Tugend ziert,
Des Kaysers Hercules in diesen Zimmern wohnet."[85]

Auch in der Kunst unversöhnlich[86]

Prinz Eugen war nicht nur als Bauherr und Mäzen der großen Architekten Fischer von Erlach und Lukas von Hildebrand, sowie als Bibliophile berühmt, er liebte auch über alles Bilder und Stiche und zeigte dabei in seiner Gemäldegalerie in der Sommerresidenz des Belvedere ausgesprochen persönlichen Geschmack. Dort fanden sich vor allem italienische Meister des 16. und 17. Jahrhunderts, darunter viele Guido Reni, dessen berühmtes Bild der Magdalena er besonders liebte. Überdies schmückte Eugen seine Galerie mit zahlreichen Werken der Niederländer des 17. Jahrhunderts, darunter köstlichen Gemälden von Teniers, Brueghel und auch mit der Heimsuchung Rembrandts. Französische Kunstwerke aber fehlten völlig, selbst keines der damals so beliebten Gemälde des Kreises um Watteau fand sich da vor. So weit ging Prinz Eugens Entrüstung über den in Frankreich seiner Mutter und ihm angetanen Schimpf und alle Kränkungen, daß er selbst der französischen Kunst in seinem Hause kein Heim bieten wollte.

Des Prinzen Unterschrift[87]

Prinz Eugen hatte die Gepflogenheit, seinen Namen in drei Sprachen zu unterschreiben: Eugenio von Savoy, Eugène de Savoye und Eugenio di Savoye.

Man fragte hin, warum er dies tue: „Es geschieht um zu zeigen, daß ich ein dreifaches Herz habe: das leidenschaftliche eines Italieners meinen Feinden gegenüber, das ergebene eines Franzosen für seinen Monarchen und ein treues teutsches für meine Freunde."

Als man dies Kaiser Karl VI. erzählte, erkundigte auch er sich bei dem Prinzen, ob er das wirklich so gesagt habe. „Ja, Majestät, und noch andere Gründe bringen mich dazu, meinen Namen so zu unterschreiben, denn ich verdanke Italien mein Leben, Teutschland mein Glück und dem so oft geschlagenen Frankreich meinen Ruhm."

Eines nur ist merkwürdig; er schrieb da Savoy ohne „e" am Schlusse; in für Franzosen bestimmten Briefen unterschrieb er dagegen ganz richtig Eugène de Savoye.

Nie veraltend

Napoleon I. erklärte auf St. Helena, es gäbe in der ganzen Geschichte nur sieben wirklich große Feldherren, und zwar: Alexander den Großen, Hannibal, Cäsar, Gustav Adolf, Turenne, Prinz Eugen und Friedrich den Großen. Endlich reihte Napoleon seine eigene Person den vorgenannten glänzenden Namen an. „Studiert die Geschichte ihrer Feldzüge", rief der große Korse allen Soldaten zu, „wenn Ihr Euch selbst zum Feldherrn bilden wollt. Euer Genie, auf diese Weise erleuchtet, wird Euch die fehlerhaften Grundsätze erkennen lassen, die jenen dieser großen Männer gegenüber geltend gemacht werden wollen."[88]

Wenn nun jemand meint, im Zeitalter der Flugzeuge und Panzer sei das Studium von Prinz Eugens Art der Kriegführung nutzlos, weil sie veraltet wären, so sei ihm gesagt: Dem ist nicht so, denn Angriffsgeist, Wagemut, blitzschneller, tapferer Entschluß in jeder Lage sind und bleiben ewig gültig.

Eine tolle Wette[89]

Eben war das herrliche Schloß Belvedere fertiggestellt, da gab Prinz Eugen darin prächtige Eröffnungs- und Einweihungsfeste. Bei einem derselben sollten die Gäste in Masken erscheinen. Zwei von ihnen, der steinreiche Gesandte Portugals am Wiener Hofe, Graf Juan Gomez de Sylva Tarouca, und der kaiserliche Kämmerer und General Markus Anton Graf Zobor, Gemahl einer Prinzessin Liechtenstein und einer der reichsten und verschwenderischsten Magnaten Ungarns, wetteiferten schon lange miteinander in Aufwand und Pracht. Da gingen die beiden einmal eine Wette ein, wer von ihnen bei einem solchen Feste des Prinzen in der kostbarsten Maske erscheinen würde. Der Abend kam; zuerst zeigte sich der portugiesische Graf in einem türkischen Kostüm, das mit Edelsteinen so übersät war, wie der Wiener Stock in Eisen mit Nägeln. Auf dem Turban erglänzte eine herrliche Brillantagraffe mit einem riesigen strahlenden Juwel. Alles stand wie versteinert und bewunderte den Grafen; man schätzte den Wert seiner Kleidung auf mehrere Millionen.

Graf Zobor ließ indes eine Weile auf sich warten. Zur größten Überraschung erschien er endlich in einfachstem Magnatenkostüm mit leicht umgeworfenem Mantel. Die für die Austragung der Wette bestellten Schiedsrichter näherten sich ihm und fragten auf das Geheiß des spöttisch blickenden Portugiesen, welch besonderen Vorzug seine Kleidung aufweise. Da schlug der Graf wortlos den Überrock auseinander und ein einziger Schrei des Entsetzens tönte durch den Ballsaal. Der Mantel war mit einem unschätzbaren Gemälde von Correggio gefüttert, das nach dem Maße des Kleidungsstückes zugeschnitten worden war. Damit hatte er wohl die Wette gewonnen, aber der kunstsinnige Prinz Eugen war über diese Kulturbarbarei so empört, daß er lange nichts mehr von ihm wissen wollte.

Der Wunsch der Gräfin

Prinz Eugen war, wie jeder große Mann, den heftigsten Anfeindungen kleinerer Geister ausgesetzt. Sie gebrauchten alle Mittel, um dem Feldherrn bei seinem kaiserlichen Herrn zu schaden. Nun war der Prinz seit vielen Jahren in enge Freundschaft mit der geistvollen Tochter des Hofkanzlers Strattmann getreten, die einen Grafen Batthyány geheiratet hatte. Täglich war er in dem Salon der Gräfin zu Gast, man spielte eine Partie

Piquet, man aß zu Abend, trank und besprach in anregender Wechselrede die Ereignisse des Tages. Dies benützte Graf Althan, der auf den Ruhm des Prinzen Eugen eifersüchtige vertraute Freund des Kaisers, um dem auf seine Herrscherwürde peinlichst bedachten Herrn einzuflüstern, er solle wohl den Ratschlägen Eugens sein Gehör schenken, jedoch vorher erforschen, ob diese wirklich des Prinzen Meinung oder nicht vielmehr der nur durch seinen Mund wiedergegebene Wunsch und Wille der Gräfin Batthyány wären. Und wirklich, der Kaiser ging in die ihm gestellte Falle und ließ dem Prinzen andeuten, daß er wohl seinen Rat als den des treuesten Paladins würdige, jedoch in keiner Weise gesonnen sei, das durchzuführen, was die Gräfin Batthyáni zu wünschen beliebe. Dem Prinzen aber war dies eine Mahnung, auf der Hut zu sein.[90]

Des Prinzen Zuflucht

Nahezu sein ganzes Leben, jedenfalls aber vom neunzehnten bis zu dem vierundfünfzigsten Lebensjahre stand Eugen fast ununterbrochen im Felde. Kehrte er einmal zurück, so hatte er erst recht Kämpfe im Hofkriegsrate am grünen Tisch auszufechten. Konnte er sich aber einen Augenblick Zeit gönnen, so verbrachte er sie bei seinen geliebten Büchern, denn im Wechsel der Tätigkeit, vom Lesen zur Tat, von der Bewegung zur Ruhe, lag für ihn der Reiz des Lebens und alle Erholung. Nicht nur ein Bibliophile war er, der verliebt über die schönen Lederbände seiner Bücher mit dem herrlichen wappengeschmückten Superexlibris strich. Er las sie auch, und er wußte. warum er sich in dem Freiherrn Georg Wilhelm von Hohendorf, der ihm nur allzu früh starb, einen Generaladjutanten gewählt hatte, der selbst ein Büchernarr war wie kein zweiter weit und breit.

Der nach so fühlbarer Armut endlich erlangte Reichtum, den Prinz Eugen seinen genialen Diensten und der dadurch ausgelösten Gnade seiner Kaiser dankte, ermöglichte es ihm, mehr als fünfzehntausend herrliche Drucke, zweihundertvierzig wertvolle Handschriften zu sammeln und Hunderte von prachtvollen, mit dem Kreuz des Hauses Savoyen geschmückte Lederkartons anzulegen, in denen er die Porträts der bedeutendsten Menschen vereinte. Die Bücher wären der Zufluchtsort Eugens gewesen, wenn es seinen ihn so oft bedrängenden Feinden am Hofe gelungen wäre, ihn wirklich bis zum Niederlegen aller Ämter und Würden zu treiben. In jener Zeit sagte Prinz Eugen dem englischen Botschafter einmal unmutig: „Geschehe, was da wolle; ich habe mein hinreichendes Auskommen, kann mit zehntausend Gulden jährlicher Einkünfte ruhig und ohne Verdruß leben und bin auch mit einem solchen Vorrate an Büchern versehen, daß mir die Zeit nicht lang werden kann.«[91]

Eine arge Verleumdung

Alexander Graf von Bonneval, später Achmed Pascha, war ein persönlich tapferer, aber wilder und zuchtloser Mann. Nachdem er sich in seiner Heimat durch hochfahrendes Wesen die Laufbahn verscherzt hatte, nahm er Dienste in der unter Eugens Befehl stehenden kaiserlichen Armee, in der er durch seine Kühnheit bald zum General aufstieg und bis zum Jahre 1718 alle Kämpfe gegen Türken und Franzosen mitmachte. Aber eines Tages überwarf er sich auch mit dem Prinzen, ging 1729 zu den Türken über und wurde Pascha mit drei Roßschweifen. Er haßte den Savoyer so sehr, daß er am Hofe des Sultans behauptete, Eugen hätte die schönen, in rotem Maroquin mit Goldschnitt prangenden Bücher seiner Bibliothek in Leder aus der Haut gefangener Spahi und Janitscharen binden lassen!

Geschenke und Politik

Im Jahre 1725 wünschte König Friedrich Wilhelm I. den Prinzen Eugen mit einem Geschenk zu verpflichten, um sich dessen Unterstützung am Wiener Hofe zu sichern. Er wußte von des Savoyers Schwäche für seine Menagerie und auch von dessen Stolz, nur die herrlichsten und besten Rosse in dem Marstall stehen zu haben. So bat er Eugen, ihm eine Reihe der schönsten und ausgesuchtesten Pferde preußischer Zucht, dann zwei Elentiere und einen Auerochsen anbieten zu dürfen. Der Prinz aber hatte sich zum Vorsatze gemacht, niemals und von niemandem als von seinem kaiserlichen Herrn und Gebieter Geschenke anzunehmen. Eine solch politische Gabe aber wollte er schon gar vermeiden und antwortete demgemäß:

„Ich habe ... mit gezühmender Veneration ... entnohmen, mit was gütigen expressionen dieselben für mich einen Zug preußischer Pferde nebst einigen wilden Thieren zu destiniren sich beifallen lassen. Wie nun Euer Königliche Majestät dafür ganz gehorsamst verbündlichen Dankh vordrist erstatte, also bitte zugleich und erhoffe, dieselben werden mir nicht in ungnaden vermerkhen, wann ich den gnädigsten Willen dermahlen für das werkh selbsten nehme und venerire, um so mehr alss ich nicht nur mit Pferden zulänglich bereits versehen, sondern auch an frembden Thieren und Vöglen dergestalten eingerichtet bin, daß zu derley unterbringung in meiner menagerie fast keinen Rauhm und platz übrig habe ...«[93]

Der König las den Brief, verstand, was damit gesagt sein wollte, und das Geschenk wurde nicht übersandt.

Nur im Angriff liegt Sieg

Prinz Eugens Erfolge in siebzehn Schlachten sind keineswegs zufällig und nicht wie sein zum Gegner gewordener Kriegskamerad Guido von Starhemberg nach Belgrad 1717 einmal eifersüchtig sagte, „bloß impertinentem Glück“ zuzuschreiben. Sie sind eine klare Folge im Wesen des Helden ruhender Vorbedingungen. Vor allem suchte sich Eugen über den Feind besonders gut zu unterrichten, er gab für den Nachrichtendienst ungewöhnlich große Summen aus, verwendete die Reiterei in reichstem Maße zur Aufklärung und um dem Feinde Gefangene abzunehmen, von denen er Nachrichten erhoffen konnte. Wußte er aber um die Lage des Gegners, da war er *immer für den Angriff, auch in den mißlichsten Lagen,* und wenn er der schwächere Teil war. Ja er sagte, Angriff sei überhaupt das einzige Mittel, sich aus einer schlechten Lage zu ziehen. Dabei hoffte er nie auf Wunder oder unvorhersehbare Vorfälle. „Hoffnungen“, meinte er, „dienen zu nichts, als bloß zu Lahmlegung aller Tätigkeit in dem Kriege wie in der Politik.“[94]

Die ersten Statuen aus Herculaneum[95]

Prinz Eugen besaß besonderen Kunstsinn und nannte nebst einer herrlichen Bibliothek auch eine schöne Gemäldegalerie und Statuensammlung sein eigen. Unter den letzteren waren drei hervorragend interessante lebensgroße Frauenstatuen, nämlich jene, die ein entfernter Vetter Eugens, General Prinz d'Elbœuf, der mit österreichischen Reitertruppen in Neapel lag, 1713 aus einem Brunnen am Fuße des Vesuv hervorgeholt hatte. Bald stellte sich heraus, daß die Statuen zu der einst herrlich geschmückten Szenenwand des Theaters von Herculaneum gehörten, das seit dem katastrophalen Vesuvausbruch des Jahres 79 n. Chr. zwanzig Meter tief unter versteinertem Schlamm begraben lag. Diese Bildwerke führten zur Entdeckung der dort verschütteten Ortschaft Herculaneum, die man bis dahin vergeblich gesucht hatte. Prinz d'Elbœuf fand, daß die Statuen keinen besseren Besitzer haben könnten als seinen höchsten Vorgesetzten und berühmtesten, überdies kunstsinnigen General der Zeit, Eugen von Savoyen, und sandte sie ihm unter größten Schwierigkeiten als Geschenk nach Wien. Hocherfreut stellte sie der Prinz in dem rotmarmornen mittleren Gartensalon des unteren Belvedereschlosses auf, wo sie bis zu Eugens Tod verblieben.

Man braucht sie nicht mehr[96]

Wenn Krieg und Kriegsgeschrei verhallt waren und die spärlichen Friedensjahre dem Prinzen Eugen ein wenig Erholung gönnten, suchte er sie bei seinen Bauten und Bildern, Büchern und Tieren. Längst schon stand das herrliche Belvedere, da entschloß er sich, auch auf dem Lande an der March einen stolzen, schloßartigen Hof zu bauen, mit Teichen, Springbrunnen und Ställen für zahllose Pferde, mit herrlichen Freitreppen und Terrassen. Er wußte, warum er es tat und unzählige Arbeiter dabei beschäftigte, denn es war im Marchfelde eine Mißernte gewesen, die dritte schon in ununterbrochener Folge, und den Leuten ging es schlimm.

Wie nun das Schloß schon fertig zu werden schien, hatte Prinz Eugen immer noch etwas dazu zu bauen. Eine Auffahrt für sechsspännige Wagen, hohe Stützmauern und dergleichen scheinbar Unnützes mehr. Oft ritt der Prinz hinaus, um den Fortgang der Arbeiten zu verfolgen. Da sah er eines Tages, wie in einem Teile des Parkes, wo kurz vorher noch viele Hunderte von Leuten beschäftigt gewesen waren, nur mehr höchstens fünfzig hackten und schaufelten. Sogleich fragte er den ihn submissest begleitenden Verwalter: „Wo sind denn die anderen hingekommen?“

„Diese Partie, Euer Durchlaucht, habe ich entlassen, ich brauche sie nicht mehr.“

Da sah ihn der Prinz scharf und streng an: „Meint Er, ich brauche vielleicht *ihn*? Meint Er, man brauche irgendeinen Menschen in der Welt? Wenn Er denkt, es sei gestattet, die Menschen verhungern zu lassen, die man nicht braucht, so sage Er mir bloß, wer *ihn* und *mich* vor dem Verhungern schützen soll."

Der erträumte Dreibund

Der kluge Prinz aus dem Hause Savoyen wünschte und ahnte den Dreikaiserbund des 19. Jahrhunderts voraus. Am 22. Dezember 1728 schrieb er seinem getreuen Freiherrn von Seckendorff nach Berlin: „Wohl niemand, der des Königs (von Preußen) wahres Interesse kennt, kann leugnen, daß der Tractat dem Könige ebenso nöthig als kaiserlicher Majestät und weit nützlicher dem Hause Brandenburg ist als dem Erzhaus Österreich ... Gleichwie die Sicherheit dieser zweien so vollkommen befestigt wird, also wird auch beider Ansehen in und außer Reichs so sehr dadurch vermehrt werden, daß sich leichtlich Niemand anmaßen wird, gegen die zwei vereinbarten mächtigen Häuser was vorzunehmen, besonders wenn Moskau ... mit der Zeit dazu gezogen wird."[97]

So dachte Prinz Eugen voraus und sah schon in großen Zügen, was ferne Geschlechter später wahr gemacht haben.

Noch mehr Lorbeeren?[98]

Eben war Prinz Eugen im Begriffe, wieder zur Armee abzugehen und sich nach einunddreißig mitgemachten Feldzügen nochmals mit dem Feinde zu messen. Am Abend vor seiner Abreise zum Heere wohnte er noch einer Abendgesellschaft bei, und als er sich dann verabschiedete, fragte ihn eine junge, sehr hübsche Dame:

„Wie ist es nur möglich, mein Prinz, daß man nach so viel glorreichen Siegen noch nach neuen Lorbeeren geizen kann?“

Eugen maß das etwas stark hergerichtete und geschmückte Fräulein vom Kopf bis zum Fuß und meinte dann: „Ach Madame, wie ist es nur möglich, daß man noch rot auflegt, wenn man ohnehin schon so schön ist?“

„Lehrling" bei Prinz Eugen

Kronprinz Friedrich von Preußen klagte oft darüber, daß seine besten Jahre tatenlos verstrichen. Mit dreißig Jahren lerne man das Kriegshandwerk nicht mehr.[99] Da kam ihm der neuerliche Zusammenstoß Habsburgs mit Bourbon im Jahre 1734, wobei Preußen ein Hilfskorps stellte, sehr gelegen, und der Kronprinz erhielt die Erlaubnis, in das Feldlager des nun schon über siebzigjährigen Heerführers Prinzen Eugen von Savoyen zu ziehen, um dort unter dem weltberühmten Krieger das Waffenhandwerk zu lernen. Eine ausführliche Instruktion[100] wurde Friedrich von Preußen mitgegeben:

„Allemal und so oft des Prinzen Eugenii Durchlaucht ausreitet", heißt es da, „es sei nun, um etwas zu recognoscieren, oder aber, wenn er in Approchen (Laufgräben) oder in Bataille reitet, so soll des Kronprinzen Liebden sich bei ihm einfinden und ihn accompagniren, auch auf Alles, so er commandirt, und was vor Mouvements geschehen, wohl Acht geben, dabei auch jedesmal die bei sich habenden Generale fragen, aus was Raisons dieses oder jenes geschieht. Des Prinzen Eugenii Durchlaucht aber selbst darum fragen, ist wider Respect und muß dahero nicht geschehen."

Als Kronprinz Friedrich im Felde einmal von

Eugen gefragt wurde, was ihm im Leben zum größten Vergnügen gereichte, da antwortete der künftige König etwas keck: „Das gleiche wie auch früher Eurer Durchlaucht: Liebe und Ruhm."

Prinz Eugen wandte sich wortlos ab, in der Liebe zur Liebe war er enttäuscht worden. Kronprinz Friedrich aber dichtete damals sein hohes Lied des Ruhmes, worin auch des Prinzen von Savoyen gedacht wird.[101]

Nicht mehr der Alte

Das Alter konnte zwar dem Prinzen Eugen immer noch nicht den Säbel aus der Hand schlagen, aber der Arm, der ihn führen sollte, war nicht mehr jugendkräftig genug. Anfang Mai 1734 waren die Franzosen über den Rhein gegangen, um die Festung Philippsburg zu belagern. Prinz Eugen sollte ihnen entgegenziehen; wohl war das Heer schwach und seine Kräfte überdies verzettelt, aber man dachte, der große Feldherr würde schon Rat finden. Die sechzig Fürstlichkeiten, die da versammelt waren, um einen Feldzug des großen Savoyers mitmachen zu können, unter ihnen auch der alte König Friedrich Wilhelm von Preußen und Kronprinz Friedrich, der Eugens Erbe an Kriegsruhm antreten sollte, wurden enttäuscht. Diesmal schwankte der Prinz zuweilen in seinen Entschlüssen; was er nie getan, geschah jetzt. Er zögerte, befragte seine Unterführer, griff nicht mehr ganz so herzhaft an. Wohl hatte er vielleicht auch da seine guten Gründe dazu, doch Prinz Eugen war nun *alt*, aber nicht mehr *der Alte*[102].

Venus ohne Mars

Soviel man auch forscht, die verwitwete Gräfin Batthyány ist doch die einzige Frau, die in Eugens Leben eine bedeutende Rolle gespielt hat; sie hatte im Jahre 1735 das achtundfünfzigste Lebensjahr erreicht. Noch ist nicht genau festgestellt, wann diese Beziehung begonnen hat, aber fast sicher ist, daß sie lange und nicht nur in vorgerückten Jahren des Prinzen gespielt hat. Es ist müßig, über die Frage nachzudenken, ob diese Liebe eine wirkliche Leidenschaft mit Erfüllung aller Wünsche gewesen sei und etwa Prinz Eugen durch diese reizende und kluge Frau seine Liebesversäumnisse in der Jugend „regrettieren" gelernt hat. Man ist fast versucht, es zu glauben. Die bösen Wiener aber, die diesem später immer auffälliger werdenden Idyll zusahen, erklärten nach dem Frieden zu Wien des Jahres 1735, als Eugen nicht mehr in den Krieg zog, nun heiße es nicht wie einst „Mars ohne Venus", jetzt gebe es eine „antike Venus ohne Mars".

Gerücht von geheimer Vermählung

Auf jeden Fall war die Freundschaft des Prinzen Eugen mit der Gräfin Eleonore, von den Wienern die schöne Lorl genannt, Stadtgespräch. Eines Tages sagte man ihr, ganz Wien rede davon, sie sei im geheimen mit Prinz Eugen vermählt.

„Nein“, antwortete sie, „dafür ist mir der Held zu lieb. Ich ziehe es vor, in üblem Ruf zu stehen, als ihn um den seinigen guten zu bringen und so seine siebzig Jahre zu mißbrauchen.“

Sie erzählte dann dem Prinzen die Mär, und er meinte dazu: „Wenn Du nicht so fromm wärest und der kleine Abbé noch fünfundzwanzig Jahre zählen würde, da könnte es wohl sein.“[103] Dann aber lachten die beiden zusammen herzlich über den Wiener Tratsch.

Der schlafende Viererzug[104]

Eines Abends fuhr Prinz Eugen wieder einmal, wie alltäglich, aus der Himmelpfortgasse auf die Freyung zu seiner alten Freundin. Sie erwartete ihn auch wie gewöhnlich zur Spielpartie, doch kam und kam er nicht. Besorgt blickte sie aus dem Fenster, um nach ihm zu sehen. Da bot sich ihr ein eigentümlicher Anblick dar. Der Prinz war schon geraume Zeit vor dem Palais vorgefahren. Sein weißhaariger Kutscher hatte die zwar wunderschönen, aber alten, isabellfarbenen Pferde mit dem rosenfarbenen Geschirr am Ziele angehalten, sich nach seinem Herrn umgewandt und gesehen, daß der Prinz schlafend im Wagen saß. Da hob er den Finger zum Munde und gebot auch den Heiducken, alten Veteranen noch von Zenta und Turin her, Einhalt. Sie waren nämlich abgesprungen und wollten den Schlag öffnen; nun kehrten sie wieder auf ihre Plätze zurück. So wollten die getreuen Diener warten, bis der Prinz von selbst erwache, und blieben still, um den greisen Helden nicht zu stören. Darüber schliefen alle, selbst die Pferde, allmählich ein. So sah die Gräfin Batthyány mit leisem Lächeln die greise ruhende Schar schlafend vor ihrer Tür, die, Mensch und Tier zusammengenommen, nicht weniger als dreihundertzehn Jahre alt war.

Der Tod und der Löwe

Nun war der alte Recke zweiundsiebzig Jahre alt geworden, nach wie vor diente er aber seinem schon dritten kaiserlichen Herrn mit Fleiß und Eifer. Am 20. April des Jahres 1736 wohnte Eugen, nach einem im Winter durchgemachten starken Katarrh noch geschwächt, einer geheimen Konferenz des Hofkriegsrates bei. Sie dauerte schon lange, doch wollte man immer noch dies und das vornehmen. Da gebot der Prinz Einhalt und sagte: „Es ist genug für heute, wir wollen uns das übrige auf morgen vorbehalten, wenn ich noch so lange lebe." Nach der Mittagstafel erlitt er einen leichten Schwächeanfall, weigerte sich aber, statt des unbequemen Taburetts, auf dem er saß, einen Lehnsessel zu benützen. Abends sah er noch einige Gäste bei sich, unter ihnen die alte Freundin Batthyány, und spielte bis neun Uhr ganz aufgeräumt Piquet, holte aber dabei schon etwas schwer Atem. Eine ihm angebotene Arznei verweigerte er, meinte, es wäre auch morgen noch Zeit dazu, und ließ es sich nicht nehmen, seine Gäste bis an die Türe zu geleiten. Erst dann legte er sich schlafen.

Als der Kammerdiener am folgenden Morgen in das Zimmer trat, fand er den Prinzen mit in die Hände gelegtem Gesicht scheinbar noch schlafend. Nach Verlauf einer Stunde kehrte er wieder. Da sich der Prinz noch immer nicht rührte, versuchte er ihn aufzurütteln und sah endlich zu seinem Schrecken, daß der Körper schon ganz erkaltet war. Man wußte also nicht genau, um welche Stunde der Prinz gestorben war, und es ging nun in der bestürzten Stadt Wien ein großes Rätselraten an. Da tat sich der Aufseher in des Prinzen Menagerie mit der Behauptung hervor, sein Herr wäre sicher um drei Uhr früh gestorben, denn der älteste der dortigen Löwen hätte um diese Stunde „wider alle Gewohnheit ganz entsetzlich zu brüllen angefangen und von selbiger Stund an sich ungemein traurig bezeiget und wenig mehr gefressen oder gesoffen“. Mag man dies auch dahingestellt sein lassen – die Wiener hatten ihre Mär auch um die Todesstunde ihres größten Helden[105].

Ein trauriger Ausverkauf

Als Prinz Eugen starb, war niemand von seinen Geschwistern und auch keiner von seinen Neffen mehr am Leben. Nur eine Nichte war noch da, die Prinzessin Anna Viktoria, Tochter des ältesten Bruders Eugens. Schon drohte ein Erbstreit, da sich andere entferntere Verwandte meldeten, der Kaiser aber erkannte jene damals schon zweiundfünfzig Jahre alte, ledige Nichte Eugens als dessen Erbin an. Die Hinterlassenschaft war groß, sie wurde alles in allem auf über eine Million und neunmalhunderttausend Gulden geschätzt, worauf sich auch bald noch ein Freier für die nun so reiche Erbin in Gestalt eines Prinzen von Hildburghausen fand. Die schönen Lustschlösser, die Bildergalerien, die herrliche Bibliothek, die Menagerie, alles, alles fiel ihr zu.

Was aber tat diese Dame? Sie kam nach Wien und verkaufte das ganze Erbe, wie es lag und stand. Die Schlösser nicht nur und auch die Bibliothek und die Kupfer, Gott sei Dank, an den Kaiser, auch die Bilder, die aber in alle Welt verstreut wurden. Selbst die großen Gemälde der siegreichen

Schlachten und Belagerungen des Helden, die seine Vorgemächer zierten, erstand ein Herzog von Württemberg, und die drei herrlichen Statuen, die zur Entdeckung Herculaneums geführt hatten, wanderten zu dem König der Polen August III. von Sachsen nach Dresden. Es war ein Ausverkauf, der selbst nicht vor dem Degen der Königin Anna von England und vor dem juwelengeschmückten Bildnis Kaiser Josephs I. Halt machte. Wir wissen nur nicht, was aus dem Degen und dem Hut des Papstes wurde. Als schon alles verkauft war, verhandelte die Prinzessin auch noch die Löwen, Tiger und andere Tiere aus der Menagerie an eine Zirkusgesellschaft, die mit ihnen in Wien Tierhetzen veranstalten wollte!

Man mußte sich wahrhaft schämen, und schon dichtete man auf diese Erbin den bösen Vers:

„Est-il possible que du prince Eugène la gloire
Soit ternie par une si vilaine Victoire?"*

* Ist es möglich, daß der Ruhm eines Prinzen Eugen
Durch eine so häßliche Viktoria verdunkelt wird?[108]

Der verblichene Glücksstern

Unerhört prunkvoll wurde Prinz Eugen begraben. Vierzehn Feldmarschalleutnants trugen den Sarg, und der Kaiser selbst wohnte, wohl incognito, aber doch in Person der Einsegnung bei. Alles trauerte, hoch und nieder, groß und klein, nur einer freute sich unbändig, das war der Türke. Als die Nachricht nach Konstantinopel kam, erhob man dort das Haupt, und alles rief erleichtert: „Es gibt keinen Prinzen Eugen mehr!"

Der Kaiser aber hatte den Eindruck gehabt, der Savoyer hätte in den letzten Jahren ob seiner Altersschwäche die Dinge nicht mehr so gut wie einst geleitet. In seinem Tagebuch bemerkt er kurz nach der Notiz von dem Tode des Prinzen: „Izt (zu) sehen, alles recht einrichten, bessere Ordnung." Aber bald zeigte sich, daß niemand dies besser verstand.

Schon im Jahre 1737 nahmen die Türken den Rachefeldzug auf, und es gelang, ihn für sie siegreich zu gestalten. Weite von Prinz Eugen eroberte Länder gingen Österreich wieder verloren, denn niemand war da, der den Heerführer im Felde hätte ersetzen können. „Ist denn mit Eugen der

Glückstern völlig von uns gewichen?«[107] rief nun Kaiser Karl VI. aus und hinterließ kurz nachher seiner großen Tochter Maria Theresia ein Reich in den drückendsten äußeren und inneren Sorgen.

Anmerkungen

In den folgenden Anmerkungen sind die allermeisten in den einzelnen kleinen Erzählungen angeführten Briefstellen, Aussprüche oder Bemerkungen nach ihrer Herkunft genau bezeichnet. Der private Schriftennachlaß des Prinzen Eugen konnte nicht aufgespürt werden, es finden sich in den verschiedenen Staatsarchiven meist nur amtliche und militärische Korrespondenzen des Prinzen vor. Auch heute noch sind des einstigen Direktors des Haus-, Hof- und Staatsarchivs Alfred von Arneths dreibändiges Werk „Prinz Eugen von Savoyen", Wien 1858, sowie die vom k. u. k. Kriegsarchiv herausgegebenen „Feldzüge des Prinzen Eugen von Savoyen", 21 Bände, Wien 1876–92, die Standardwerke über den großen Feldherrn. Die 1812 von Satori herausgegebene Sammlung politischer Schriften des Prinzen ist eine gefährliche Fälschung, die, jahrzehntelang ernst genommen, die gesamte Literatur dieser Zeit über Prinz Eugen, vornehmlich das Buch F. von Kauslers, „Das Leben des Prinzen Eugen von Savoyen", Freiburg 1838, verseucht hat.

Für die vorliegende Arbeit dienten neben Akten nicht nur gedruckte Bücher, sondern auch Tageszeitungen, Zeitschriften, Flugblätter und durch Tradition überkommener Erzählungen als Quellen.

[1] Malteserordensarchiv in Venedig.

[2] Wilhelm Coxe, Geschichte des Hauses Österreich, Hamburg 1818, S. 464.

[3] Liselotte von der Pfalz, Briefe (An die Raugräfin Luise, 1720).

[4] Vielfach erzählt, auch Alfred von Arneth, Prinz Eugen von Savoyen, Wien 1858, I. Bd., S. 9.

[5] Aloys Schulte, Die Jugend Prinz Eugens in: Mittheilungen des Institutes für österreichische Geschichtsforschung, Innsbruck 1892, Bd. 13, S. 471, 500.

[6] Friedrich Engel-Jánosi, Die Anfänge des Prinzen Eugen in: Historische Blätter, 1. Jahr, 3. Heft, 1921/22, S. 447.

[7] Schulte, Jugend Prinz Eugens, a.a.O., und Johann Newald, Beiträge zur Geschichte der Belagerung von Wien, Wien 1883.

[8] Schulte, Jugend Prinz Eugens, a.a.O. S. 502, und Newald, Beiträge, a.a.O.

[9] Brief Prinz Eugens an Herzog Viktor Amadeus II. von Savoyen, 29. 4. 1689 in: Domenico Carutti, Il cavaliere di Savoja. La gioventù del principe Eugenio. Archivio storico italiano. 4. Serie, Band XVII, 1886, S. 361.

[10] Eucharius Gottlieb Rink, Leopolds des Großen Röm. Kaysers wunderwürdiges Leben und Thaten. Cölln 1713.

[11] Carutti, Il cavaliere di Savoja, a.a.O. S. 349, 350.

[12] K. Th. v. Heigel, Die Brautwerbung des Markgrafen Ludwig Wilhelm von Baden und des Prinzen Eugen von Savoyen 1689–90 in: Sitzungsberichte der königlich bayrischen Akademie der Wissenschaften zu München, Jahrg. 1901, München 1902.

[13] Brief des Prinzen Eugen an den Herzog Viktor Amadeus II. von Savoyen, Mailand, 24. 3. 1691. Siehe Adriano Jones, La venuta in Italia del Principe Eugenio di Savoja in: Archivio storico italiano, Ser. VII, Bd. XX, 1933.

[14] W. Zimmermann, Prinz Eugen der edle Ritter und seine Zeit, Stuttgart 1838, S. 146.

[15] Zimmermann, Prinz Eugen, a.a.O. S. 149.

[16] Dieser Ausspruch stammt nicht, wie Oswald Redlich, Das Werden einer Großmacht, Baden bei Wien 1938, S. 363, irrig annimmt, aus der gefälschten Veröffentlichung J. von Satoris. Sie ist schon in der „Histoire du Prince Eugène de Savoye“ 1790, 5. Bd., S. 302 enthalten und immerhin möglich.

[17] F. Heller, Militärische Korrespondenz des Prinzen Eugen von Savoyen, Wien 1848, I/15 f.

[18] Friedrich der Große, Militärische Schriften, herausgegeben von v. Taysen, Berlin 1882, S. 89.

[19] Schulte, Jugend Prinz Eugens, a.a.O. S. 580, und Alfred von Arneth, Prinz Eugen von Savoyen, Wien 1858, I/97.

[20] Instruction des Hofkriegsraths an Eugen von Savoyen vom 5. 7. 1697 in: Arneth, Das Leben Guido von Starhembergs, Wien 1853, S. 187, 188.

[21] Feldzüge des Prinzen Eugen von Savoyen, Wien 1876–92, 1. Ser., Bd. II, S. 132.

[22] Bericht an den Kaiser über die Operationen vom 9. bis 15. September. – Relation über die Schlacht bei Zenta. – Feldlager zwischen Zenta und Klein-Kanisza, 15. 9. 1697. Feldzüge, a.a.O. 1. Ser., Bd. II, Suppl.-Heft S. 58 f.

[23] Descrizione della disfatta de' Turchi a Zenta, dal Capitan della flotta Luca Damiano. Manuskript, Kriegsarchiv zit. in: Arneth, Guido von Starhemberg, S. 195 f.

[24] M. Bermann, Maria Theresia und Kaiser Josef II., Wien 1881, S. 283.

[25] Viktor Bibl, Prinz Eugen, Wien 1941, S. 90.

[26] Catinat an Ludwig XIV. vom 11. 7. 1701. Feldzüge, a.a.O. 1. Ser., Bd. III, S. 198.

[27] Ludwig XIV. an Catinat vom 10. 8. 1701, dto S. 239.

[28] Relation des Markgrafen Ludwig von Baden über die Aufstellung des Heeres im Reiche. Offenburg, 7. 8. 1701, dto. S. 468.

[29] An den Pater Bischoff, Luzzara, 18. 3. 1702. Feldzüge, a.a.O. 1. Ser., Bd. VI, S. 209, Suppl.-Heft Nr. 21, S. 72.

[30] An den Hofkammerrath von Palm, Curtatone, 29. 5. 1702. Feldzüge, a.a.O. 1. Ser., Bd. VI, Suppl.-Heft Nr. 50, S. 143.

[31] Feldzüge, a.a.O. 1. Ser., Bd. IV, S. 302, 305.

[32] An den Hofkammerrath von Palm, Borgoforte 31. 7. 1702. Feldzüge, a.a.O. 1. Ser., Bd. IV, S. 277, Suppl.-Heft Nr. 77, S. 197.

[33] Schreiben an Guido von Starhemberg, 7. 2. und 30. 5. 1703. Schreiben an den Kaiser, 29. 5. 1703. Feldzüge, a.a.O. 1. Ser., Bd. V, Suppl.-Heft Nr. 6, S. 44, 45.

[34] Bermann, Maria Theresia und Josef II., a.a.O. S. 287.

[35] Nouveau Dictionnaire historique, Basel 1804, Bd. 4, S. 616.

[36] Feldzüge, a.a.O. 2. Ser., Bd. V, Suppl.-Heft S. 101.

[37] Feldzüge, a.a.O. 2. Ser., Bd. V, Suppl.-Heft S. 148.

[38] An Hofkammerrath von Palm, Rastatt, 26. 6. 1704. Feldzüge, a.a.O. 1. Ser., Bd. VI, Suppl.-Heft Nr. 48, S. 71.

Siehe auch Eugen von Frauenholz, Prinz Eugen von Savoyen und die kaiserliche Armee in: Münchener Historische Abhandlungen, 2. Reihe, 1. Heft. München 1932.

39 Prinz Eugen an den Hofkriegsrat von Locher, Kronweißenburg, 22. 9. 1704. Feldzüge, a.a.O. 1. Ser., Bd. VI, Suppl.-Heft S. 184.

40 Prinz Eugen an den Hofkriegsrat Tiell, Kronweißenburg, 22. 9. 1704. Feldzüge, a.a.O. 1. Ser., Bd. VI, Suppl.-Heft S. 186.

41 Feldzüge, a.a.O. 1. Ser., Bd. VI, S. 547.

42 Feldzüge, a.a.O. 1. Ser., Bd. VI, S. 510, 521.

43 Zimmermann, Prinz Eugen, a.a.O. S. 449.

44 Teilweise Arneth, Prinz Eugen, III/77. Doppeladlermär aus Zeitung.

45 Oswald Redlich, Vorwort zum Katalog der Prinz-Eugen-Ausstellung 1933, S. 9.

46 Arneth, Prinz Eugen, a.a.O. II/34 und II/464.

47 Der 1712 verstorbene und daher nie auf den Thron gelangte Vater Ludwigs XV.

48 Des großen Feld-Herrns Eugenii Hertzogs von Savoyen Helden-Thaten. Nürnberg o. J., Bd. IV, S. 265.

49 In der einstigen k. u. k. Kavallerie traditionelle Erzählung.

50 Briefe der Herzogin Elisabeth Charlotte von Orléans an die Kurfürstin Sophie von Hannover, Versailles, 5. 4. 1708.

51 Wilhelm Coxe, Herzogs Johann von Marlborough Leben und Denkwürdigkeiten, Wien 1820–22, IV/340.

52 Feldzüge, a.a.O. 2. Ser., Bd. I, S. 493.

53 H. v. Hofmannsthal und Franz Wacik, Prinz Eugen der edle Ritter, Wien 1915.

54 Feldzüge, a.a.O. 2. Ser., Bd. IV, S. 15 f.

55 Arneth, Prinz Eugen, a.a.O. II/190.

56 Coxe, Marlborough, a.a.O. VI/283.

57 Coxe, Marlborough, a.a.O. VI/180.

58 An den Hofkriegsrath Campmiller, Bellian, 19. 10. 1712, Feldzüge, a.a.O. 2. Ser., Bd. V, Suppl.-Heft Nr. 230, S. 317.

59 Arneth, Prinz Eugen a.a.O., II/252, und Heldenthaten Eugenii, a.a.O.

60 Hofmannsthal–Wacik, a.a.O.

61 Arneth, Prinz Eugen, a.a.O. III/68.

62 Nouveau Dictionnaire historique, a.a.O. Bd. 4, S. 618.

63 Arneth, Prinz Eugen, a.a.O. II/343.

64 Bericht an den König von Spanien, Wien, 9. 2. 1709, Feldzüge, a.a.O. 2. Ser., Bd. II, Suppl.-Heft Nr. 13, S. 29 f.

65 Karl VI. an Prinz Eugen, Wien, 20. 8. 1716. Feldzüge, a.a.O. 2. Ser., Bd. VII, S. 360, 364.

66 Feldzüge, a.a.O. 1. Ser., Bd. VI, S. 369, Redlich, Werden einer Großmacht, a.a.O. S. 354, und Helden-Thaten Eugenii, a.a.O. 3. Theil, S. 962–65.

67 Feldzüge, a.a.O. 2. Ser., Bd. VII, S. 201.

68 Leopold Joseph Fitzinger, Versuch einer Geschichte der Menagerien des österr.-kaiserl. Hofes, Wien 1853, S. 26 f.

69 Bermann, Maria Theresia und Josef II., a.a.O. S. 69.

70 Feldzüge, a.a.O. 2. Ser., Bd. VIII, S. 163.

71 dto. S. 166.

72 dto. S. 180.

73 28. 7. 1684 im Laufgraben vor Ofen an der Seite des Prinzen Salm. Musketenkugel, Fleischwunde am Arm. Siehe Prinz Eugen an Viktor Amadeus II. von Savoyen, 3. 9. 1684. Carutti, a.a.O. S. 334. – 3. 8. 1686 vor Ofen. Pfeilschuß in die Hand. Bericht des Friedrich von Cornaro, 4. 8. 1686 in Bubics, Berichte des Friedrich von Cornaro über die Belagerung und Rückeroberung Ofens im Jahre 1686, Budapest 1891, S. 273. – 29. 8. 1688 vor Belgrad. Schwere Schußverletzung am Knie. – 4. 8. 1689 vor Mainz, Musketenkugel am Kopf. – August 1692 bei Embrun. Leichte Kontusion an der Schulter. Siehe Arneth, Prinz Eugen, a.a.O. I/74. – 16. 8. 1705 Feldlager von Treviglio. Schuß hinter das rechte Ohr. – 20. 9. 1708 vor Lille. Streifschuß über dem linken Auge. – 11. 9. 1709 bei Malplaquet. Streifschuß am Kopf. – 15. 8. 1717 bei Belgrad. Streifschuß am Arm.

74 Kaiser Karl VI. an Prinz Eugen, 25. 7. und 9. 8. 1717. Feldzüge, a.a.O. 2. Ser., Bd. VIII, S. 185.

75 Der frühere Festungs-Commandant von Belgrad Mustapha Pascha an den Prinzen Eugen, Niš, 5. 9. 1717. Feldzüge, a.a.O. 2. Ser., Bd. VIII, S. 429.

76 Feldzüge, a.a.O. 2. Ser., Bd. VIII, S. 223.

77 Helden-Thaten Eugenii, III. Theil, Vorbericht.

78 dto. Bd. VI, S. 102.

79 Victor Jung, Der Rhythmus des Prinz-Eugen-Liedes – ein bayrischer Volkstanz, S. 25 in: Anzeiger der Akademie der Wissenschaften in Wien, phil.-hist. Kl., 71. Jahrgang 1934.

80 Oswald Redlich, Das Lied vom Prinz Eugen, S. 17, in: Akad. d. Wiss. a.a.O. 1934.

81 Zimmermann, Prinz Eugen, a.a.O., und Helden-Thaten Eugenii, Bd. VI, S. 94.

82 Bermann, Maria Theresia und Josef II., a.a.O. S. 214.

83 Feldzüge, a.a.O. 2. Ser., Bd. VII, S. 202, und Bd. VIII, S. 171.

84 Nouveau Dictionnaire historique, a.a.O. 4. Bd., S. 619.

85 Helden-Thaten Eugenii, II. Theil, S. 321/22.

86 Bruno Grimschitz im Katalog der Prinz-Eugen-Ausstellung, S. 128.

87 Kuriositäten der Vor- und Mitwelt, Weimar 1815, 4. Bd., S. 411.

88 Montholon, Mémoires, Paris 1822/25.

89 Bermann, Maria Theresia und Josef II., a.a.O. S. 176.

90 Arneth, Prinz Eugen, a.a.O. III/40.

91 Wolfram Souchier, Prinz Eugen als Bibliophile, Weimar 1928.

92 Bermann, Maria Theresia und Josef II., a.a.O. S. 286.

93 Arneth, Prinz Eugen, a.a.O. III/554.

94 Friedrich der Große, Militärische Schriften, a.a.O. S. 89, und Bermann, Maria Theresia und Josef II., a.a.O. S. 291.

95 Siehe Egon Cäsar Conte Corti, Untergang und Auferstehung von Pompeji und Herculaneum, München 1940. Text S. 141, Abbildung 46 und 47.

96 Vielfach erzählt, auch Hofmannsthal–Wacik, a.a.O.

97 Feldzüge, a.a.O. 2. Ser., Bd. IX, S. 260.

98 Bermann, Maria Theresia und Josef II., S. 282.

99 Kronprinz Friedrich an Grumbkow, 31. 3. 1733. Vgl. Koser, Briefwechsel Friedrich d. Gr. mit Grumbkow und Maupertuis, S. 102. (Publikationen aus den königlich-preußischen Staatsarchiven, Bd. 72, Leipzig 1898.)

[100] Instruktion vom 13. 6. 1734. Siehe Friedrich Förster, Friedrich Wilhelm I. von Preußen, Potsdam 1834, I/397.

[101] Werke Friedrichs d. Gr., Bd. 10, S. 15, Berlin 1914. Siehe auch Gustav Berthold Volz, Die Krisis in der Jugend Friedrichs d. Gr. in: Historische Zeitschrift, 3. Folge, 22. Bd., I. Heft, 118. Bd. der ganzen Reihe.

[102] Redlich, Werden einer Großmacht, a.a.O. S. 257.

[103] Bermann, Maria Theresia und Josef II., a.a.O. S. 185.

[104] Vielfach erzählt, auch Zimmermann, Prinz Eugen, a.a.O. S. 556.

[105] Helden-Thaten Eugenii, a.a.O. Bd. VI, S. 1086.

[106] Memorabilienlexikon und J. Proschko, Österr. Volks- und Jugendschriften zur Hebung der Vaterlandsliebe, Nr. VII, Eugen von Savoyen, Wien 1887, S. 185 f.

[107] Arneth, Prinz Eugen, a.a.O. III/30, sowie Oswald Redlich, Die Tagebücher Kaiser Karls VI. in: Gesamtdeutsche Vergangenheit. Festgabe für Heinrich von Srbik, 10. 10. 1938, S. 150.